Jeannot Moukouri Ekobe

Die Integrationsproblematik in der Migrationsliteratur am Beispiel von André Ekamas
"Schwarzer sein im weissen Himmel"

GRIN - Verlag für akademische Texte

Der GRIN Verlag mit Sitz in München hat sich seit der Gründung im Jahr 1998 auf die Veröffentlichung akademischer Texte spezialisiert.

Die Verlagswebseite www.grin.com ist für Studenten, Hochschullehrer und andere Akademiker die ideale Plattform, ihre Fachtexte, Studienarbeiten, Abschlussarbeiten oder Dissertationen einem breiten Publikum zu präsentieren.

Dokument Nr. V173707 aus dem GRIN Verlagsprogramm

Jeannot Moukouri Ekobe

Die Integrationsproblematik in der Migrationsliteratur am Beispiel von André Ekamas "Schwarzer sein im weissen Himmel"

GRIN Verlag

Bibliografische Information der Deutschen Nationalbibliothek: Die Deutsche Bibliothek
verzeichnet diese Publikation in der Deutschen Nationalbibliografie; detaillierte bibliografische Daten sind im Internet über http://dnb.d-nb.de/ abrufbar.

1. Auflage 2011
Copyright © 2011 GRIN Verlag
http://www.grin.com/
Druck und Bindung: Books on Demand GmbH, Norderstedt Germany
ISBN 978-3-640-94439-2

UNIVERSITE DE YAOUNDE I
****

ECOLE NORMALE
SUPERIEURE
****

DEPARTEMENT DE LANGUES
ETRANGERES
****

SECTION ALLEMAND
****

THE UNIVERSITY
OF YOUNDE I
****

HIGHER TEACHERS
TRAINING COLLEGE
****

DEPARTMENT OF FOREIGN
LANGUAGES
******

GERMAN SECTION
****

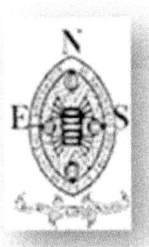

DIE INTEGRATIONSPROBLEMATIK IN DER

MIGRATIONSLITERATUR AM BEISPIEL VON ANDRÉ EKAMAS

„SCHWARZER SEIN IM WEISSEN HIMMEL „

*MÉMOIRE RÉDIGÉ ET PRÉSENTÉ EN VUE DE L'OBTENTION DU
DIPLÔME DE PROFESSEUR DE L'ENSEIGNEMENT SECONDAIRE
GÉNÉRAL IIᵉ GRADE
(D.I.P.E.S II)*

PAR

JEANNOT MOUKOURI EKOBE

LICENCIÉ ÈS- LETTRES (ETUDES GERMANIQUES)

D.I.P.E.S I

SOUS LA DIRECTION DE

IGNACE NGOUEBENG EBOL

DOCTEUR

MAI 2011

Widmung

Meiner verstorbenen Schwester

Georges-Merveille EKOBE

Vorwort

Bei der Behandlung des Phänomens „Migration" zeigen Medien am meistens Bilder armer Leute afrikanischer Herkunft, die von Ecke zu Ecke auf der Suche nach einem Stückbrot pendeln, in der Straße übernachten, der Polizei aus dem Weg gehen und sich besonders in behelfsmäßigen Booten zusammenpferchen. Beim Zuhören, Fernsehen, und Lesen solch fragwürdiger und gewiss hoch herabwürdigender Berichterstattungen über die Migration aus dem Süden fällt mir immer die Frage ein, ob die Migranten aus Afrika überhaupt über die geringste Integrationschance ins Abendland verfügen.

Als ich zum ersten Mal das Werk „*Schwarzer sein im weißen Himmel*" von André Ekama an dem Goethe-Institut von Jaunde las, wurde ich dazu angespornt, das Wort zu ergreifen, um den Integrationsvoraussetzungen in Ankunftsländern auf den Grund zu gehen.

Da sie als meine ersten Schritte im literaturwissenschaftlichen Bereich gilt, fiel mir die Beschäftigung mit André Ekamas Werk zwar mühsam, aber auch spannend. Der größte Stein des Anstoßes bei der Abfassung dieser Arbeit war der Mangel an Dokumenten über die Primärliteratur. Nichtsdestotrotz ist mir dank zahlreicher intrinsischer und extrinsischer Motivationen gelungen, diese Hürde zu überstehen. Aus diesem Grund bin ich unzähliger Personen zum Dank verpflichtet, die mir bei der Durchführung der vorliegenden Forschungsarbeit mit Rat und Tat zur Seite standen. Leider könnte ich sie nicht alle erwähnen.

Von vorherein richte ich meinen Eltern Sadrack und Olive EKOBE einen herzlichen Dank für ihre ständige moralische und finanzielle Hilfe. Weil sie nicht nur meine akademische Bildung sondern auch mein Privatleben seit Jahren stark beeinflussen, schulde ich speziell meinen Brüdern Alain Germain EKOBE und Raymond EKOBE Dank.

Den größten Dank möchte ich aus tiefsten Herzen meinem Betreuer Dr. Phil Ignace NGOUEBENG EBOL aussprechen, der meine ersten noch zögernden Schritte in die Wissenschaft gesteuert hat, und dessen Ratschläge für die Erledigung dieser Arbeit von herausragender Bedeutung waren. In derselben Hinsicht bin ich all meinen Dozenten an der E.N.S für meine 5-jährige Deutschlehrerausbildung dankbar.

Gedankt werden auch meinen Freunden und Freundinnen Edwine FON, Bertrand MBIAKOP, Mathias DONFOUET, Jules-Ferry KOTCHE, Yannick GNIPEP-OO, Alfred DJEUPA, Christelle KWAYA, Francine GUIADEM, Charlotte MOCTO, Evelyne ZANGUE und Flora MINKA für ihre jeweiligen und vielfältigen Unterstützungen.

Jeannot MOUKOURI EKOBE, Jaunde, Mai 2011

Résumé

Dans un contexte où l'immigration des jeunes africains pour l'Europe cristallise l'attention de l'opinion publique occidentale, où le débat sur l'identité nationale bat son plein, où les partis d'extrême droite gagnent de plus en plus en crédibilité auprès de l'électorat européen, où les propos d'un LEPEN ou d'une Marine LEPEN, la politique d'immigration d'un SARKOZY ou d'un SCHROEDER[1] et les reportages à tout point de vue problématiques des médias occidentaux contribuent énormément à embraser la polémique autour de l'immigration venant d'Afrique, la prise de position non seulement des experts mais aussi des jeunes chercheurs africains apparaît particulièrement urgente.

C'est dans cette mouvance que s'inscrit le présent travail de recherche dont le but majeur est de présenter comment l'écrivain d'origine camerounaise, André Ekama, aborde la problématique de l'intégration dans son œuvre intitulée « Schwarzer sein im weißen Himmel » (être noir sous des cieux blancs- M. E. J)

Pour atteindre ce but nous nous appuyons sur deux questionnements principaux qui constituent l'ossature du présent travail, à savoir :

- Quelles sont les obstacles à l'intégration des africains en Occident ?

- Quelles conditions sont-elles requises pour permettre et faciliter l'intégration de ces immigrés ?

Les méthodes employées pour tenter de répondre à ces questions sont l'analyse du discours d'une part et l'analyse structurale d'autre part. Celles-ci permettent d'émettre l'hypothèse selon laquelle, nonobstant le flot de difficultés auxquelles les immigrés africains sont confrontés au quotidien, l'intégration en Europe reste possible à certaines conditions.

Ce travail jette ainsi les jalons d'une reconsidération du phénomène migratoire. Il s'y dégage en effet, l'idée selon laquelle, la migration plutôt qu'une menace, représente une chance aussi bien pour les pays de départ que pour ceux d'arrivée. En effet, à l'ère de la mondialisation, l'interpénétration et l'interconnexion entre les différentes cultures devraient être perçues comme possibilité d'enrichissement réciproque.

La présente étude peut donc être considérée comme tentative de remise en question du discours sur l'immigration tel que tenu par l'opinion publique européenne.

Ce travail débouche enfin sur un plaidoyer en faveur d'un rapprochement sans complexe et d'une entente fructueuse entre les différents peuples.

---

[1]. La loi concernant la nouvelle politique d'immigration en Allemagne a été adoptée par le parlement en 2004 sous le gouvernement Schroeder. Vgl. O. Verf.„Neue Regelungen zum Bleiberecht", in: http//www.Bundesausländerbeauftragte.de. (Gelesen am 21./04/11).

Abstract

In a context, where the immigration of young Africans to Europe draws the attention of western countries on the debate, where national identity has its full right, where extreme parties are winning more and more credibility close to the European elections, where proposers on the view points such as political immigration to Sarkozy or to Schroeder and the problematic aspect of western media, who contributes enormously in inflaming the debate of immigration coming from Africa, the reaction of experts and young African researchers seems particularly urgent.

It is in this context that the present research work registers and the main goal is to present the way the Cameroonian Author, André Ekama, points out the problem of integration in his writing "Schwarzer sein im weißen Himmel" (being black under white Sky.-M.E.J)

To reach this goal we are faced with two principal questions, which constitute the target point of our work:

-What are the obstacles to African integration in the west?

-Which conditions are put in place to facilitate the integration of these immigrants?

The methods employed to respond to these questions are analyzed discourse on the one hand and structural analyze on the other hand.

This study permits us to draw conclusions such as, despite the numerous obstacles faced by young Africans, integration into Europe remains possible under certain conditions.

This conclusion calls for a reconsideration of the phenomenon of migration. It brings about the idea that, the phenomenon of immigration is not a threat rather it offers a good chance of collaboration between the countries of departure and the receiving countries. It is during mondialisation that interpenetration and interconnection between different cultures seems possible.

The present study can be then considered as an attempt in solving the question of immigration, which is required by the public opinion of the Europeans.

This work ends with a call for understanding and bringing together different people.

Inhaltsverzeichnis

Widmung...i

Vorwort und Danksagung..ii

Résumé...iii

Abstract..iv

Inhaltsverzeichnis...v

Abbildungsverzeichnis...vii

Einführung...1

**KAPITEL I : THEORETISCHE ÜBERLEGUNGEN ÜBER DAS NEUE
LITERATURGENRE: „MIGRATIONSLITERATUR"...........................8**

1.1 Gastarbeiterliteratur / Migrationsliteratur: Zum Paradigmenwechsel?...............9

1.1.1 Die Gastarbeiterliteratur...10

1.1.2 Die Migrationsliteratur..12

1.1.2.1 Migration und Mobilität..13

1.1.2.2 Die schwarzafrikanische Migrationsliteratur.............................15

**1.2. Fremdheit und Interkulturalität als wiederkehrende Thematiken der
Migrationsliteratur...17**

1.2.1 Fremdheit..17

1.2.2 Interkulturalität..21

1.3 Modelle des (Zusammen)Lebens in einer Gesellschaft mit kultureller Vielfalt....23

1.3.1 Segregation...23

1.3.2 Die Integration...25

KAPITEL II: ANALYSE DES WERKES..**29**

2.1. Handlungsübersicht..**30**

2.2. Figurenkonstellation..**35**

2.2.1 Die Migranten..35

2.2.2 Die Einheimischen..40

2.3. Raumdarstellung..**43**

2.3.1. Der wahrgenommene Raum..43

2.3.2 Der vorgestellte Raum..45

2.3.3 Der Erlebte Raum..50

2.4. Die Zeit..**52**

KAPITELIII: INTEGRATION UND MIGRATIONSSITUATION................................**54**

3.1.Integrationshemmende Faktoren..**55**

3.1.1 Politisch-administrative Grenzen..55

3.1.1.1 Institutionelle Diskriminierung..55

3.1.2 Wirtschaftliche Grenzen..59

3.1.2.1 Arbeitslosigkeit..59

3.1.3 Soziokulturelle Grenzen..60

3.1.3.1 Einfluss der Heimat auf den Migrant..61

3.1.3.2 Ausländerfeindlichkeit..64

3.2 Integrationsfördernde Faktoren..**67**

3.2.1 Politisch-administrative Faktoren..67

3.2.2 Wirtschaftlicher Faktor...69

3.2.2.1 Arbeit...69

3.2.3 Soziokultureller Faktor...73

3.2.3.1 Interkultureller Dialog..73

Schlussbetrachtung...**77**

Literaturverzeichnis...**79**

Abbildungsverzeichnis:

Tabelle 1: Vier Idealtypen von Migranten...36

Einführung

> « *Toute personne a le droit de quitter*
> *tout pays, y compris le sien, et de revenir dans*
> *son pays».*
>
> *(*Déclaration universelle des droits de l'Homme, Art.13, Alinéa 2.)

Thema der Arbeit

Barack Obama wurde 2008 zum Staatspräsidenten der vereinigten Staaten gewählt. Dieser Sohn eines aus Kenia stammenden Migranten hat somit in einer gewissen Maße die Schranken der Vorurteile schwarzer Migranten gegenüber zerbrochen. Selbst wenn die vereinigten Staaten als klassisches Einwanderungsland gelten, erweist sich die „Saga Obama"[2] als eine tiefgründige Infragestellung des sogenannten „mythe de l'éboueur"[3], wonach die Schwarzen nur für untergeordnete Berufsstellen bestimmt seien. In anderen abendländischen Staaten, etwa Frankreich[4] und Deutschland[5], haben wir viele Beispiele gelungener Integrationen. Wiederum erscheinen einige Ausländerviertel, etwa das Stadtrandgebiet von Paris, als brennende Unruheherde mit gewaltigen Ereignissen. Auch das von Frankreich verabschiedete Gesetz gegen den „voile integral"[6], die Minaretsschlüsse[7] in der Schweiz und die von der spanischen Regierung ständigen Rückführungen von Schwarzafrikanern stehen exemplarisch als Beweise dafür, dass die

---

[2]. **Jean-Emmanuel PONDI**, *Barack Obama. De L'interrogation à l'admiration. From Question to admiration. (Edition bilingue)*, Yaoundé, Edition CIE , 2009, S. 21.

[3]. **Gaston KELMAN**, *Je suis noir et je n'aime pas le manioc*, Paris, Edition Max Milo, 2004, S. 24.

[4]. Vgl. O. Verf. « Rama Yade, la belle étoile de Sarkozy », in : http://www.Liberation.com, (Gelesen am 11./11/10.)

[5]. Die deutsche Fußballnationalmannschaft wird als multikulturell betrachtet. Denn elf der dreiundzwanzig Spieler haben ausländische Wurzeln. Vgl. O. Verf. http://www.lwkoeln.de/Publikationen /wd/Archiv/tabid/1122/article id/30287/Default.asp (Gelesen am 11./11/10)

[5.] Vgl. « Voile intégral et identité nationale », in : http://www. 20 minutes.fr/article/596964/société-voile-integral-le-projet-de-loi-definitivement-adopté-par-le-parlement (Gelsen am 13.//11/10)

[7]. O. Verf. « Fermeture des Minarets », in : http://www.france24.com/fr/2009 1129-Suisse-referendum-interdiction-minaret-sondage-sortie-urnes-favorables. (Gelsen am 13.//11/10)

Integration von Migranten in das Ankunftsland heutzutage problematisch ist. Diese angestrebte Integration wird nun erst recht durch die Ereignisse vom 11. September erschwert. Von da an gewinnen Parteien der Rechtslinke immer mehr an Bedeutung[8] und einige kulturelle Minderheiten werden als Störfaktoren angesehen. Der Literaturforscher als Augenzeuge seiner Epoche kann sich gegenüber einer solchen heiklen und bestimmt hochaktuellen Debatte der Integration der Migranten in Ankunftsländer nicht in Schweigen hüllen. So lautet das Thema der vorliegenden Arbeit: **Die Integrationsproblematik in der Migrationsliteratur am Beispiel von André Ekamas „Schwarzer sein im weißen Himmel"[9]**

Problematik

Grundhypothese meiner Arbeit ist die Auffassung, dass die Migranten ins Besondere aus Schwarzafrika stammende Migranten nicht zum Scheitern verurteilt sind. Eine solche Arbeitshypothese setzt die Tatsache voraus, dass ich auf die folgenden Fragen eingehe: Auf welche Schwierigkeiten stoßen die Migranten? Welche Faktoren liegen einer gelungenen Integration zugrunde?

Als Korpus bediene ich mich des Werkes **„Schwarzer sein im weißen Himmel"** von dem Kameruner André Ékama. In den Erzählungen des Werkes thematisiert der aus Kamerun stammende und in Deutschland als Migrant lebende Autor die Problematik der Integration in der Migrationssituation. Diese Erzählungen berichten von Erfahrungen afrikanischer Migranten in Deutschland.

Die erste Erzählung berichtet darüber, wie es dazu kam, dass Okomje, die Hauptfigur, die in der DDR erst Agrarwissenschaft studierte und dann eine Ausbildung

---

[8].Vgl. **Bashy QURAISH,** La migration, l'integration,et le rôle de l'éducation. In: *Education des adultes et développement,* **Heribert B. HINZEN** (Hg.), Bonn, in puncto druck+medien gmbh , 2008, S. 114.
[9] **André EKAMA,** *Schwarzer sein im weißen Himmel. Erzählungen. Afrikanische Kurzgeschichten aus den fernen Heimatländern,* Freiburg, Autorenverlag artep, 2007. Nachfolgend wird das Werk mit *SSWH* abgekürzt.

zum Gastronomiefachwirt machte, nicht nur zu einem erfolgreichen Gastwirt wurde, sondern auch zum Bürgermeister der Gemeinde Wamsbuk.

Kebiyono, die Hauptfigur der nächsten Erzählung, ist von Kamerun nach einer Stadt in Sachsen geflogen, um erst einen Ingenieur- dann ein Medizinstudium zu absolvieren.

Die dritte Erzählung inszeniert die Geschichte eines Migranten namens Midoros aus Kongo, der am Anfang als Facharbeiter in einer Firma gut integriert, aber nach seiner Entlassung arbeitslos wird.

Mafopa, der Medizinstudent, ist die Hauptfigur der vierten Erzählung. Nach der Geburt eines Babys in seiner Familie lädt er seine Mutter nach Deutschland ein. Die Erfahrung dieses neuen kulturellen Raums wird für die Mutter unerträglich.

In den weiteren Erzählungen begegnen wir verschiedenen Figuren wie Babakolé, dem Tschader, der in Berlin ohne Genehmigung landet; dem aus Tanganjika stammenden fußballbesessenen Zanima, der alle Hebel in Bewegung setzt, um in Deutschland eine Profikarriere zu machen; oder der schönen intelligenten Deutschlehrerin namens Binda, die nach Deutschland auf der Suche nach dem Vater ihres Babys fliegt.

Im Grunde genommen lassen die Gesamtheit dieser Erzählungen Figuren auftreten, die in Deutschland auf so manche lebens-und ausländerfeindliche Situationen stoßen, aber sich nicht entmutigen.

Stand der Forschung

„**Schwarzer sein im weißen Himmel**" von André Ekama ist ein Werk, das neulich erschienen ist. Meines Wissens gibt es bis jetzt keine wissenschaftliche Arbeit darüber. Es steht mir daher keine Sekundärliteratur über diesen Untersuchungsgegenstand zur Verfügung.

Die Migration als Forschungsobjekt wird aber ihrerseits in unterschiedlichen Disziplinen erarbeitet. Daher variieren die Ansätze je nach Forschungsfeldern. Wie dem

4

auch sei, unterscheiden die Wissenschaftler zwei Arten von Migrationstheorien und zwar *„Klassische"* und *„neue Migrationstheorien"*[10].

„Klassische" Migrationstheorien legen den Akzent auf die Gründe der Migration. Diese Ansätze lassen die Migration nur als einen negativen Faktor erscheinen. Von da an wird der Migrant zum Eindringling, der die Reinheit, die Kontinuität und die Kohärenz der Ankunftskultur zerstört.

Die *„neuen Migrationstheorien"*, die durch postkoloniale Diskurse bestimmt sind, betrachten keineswegs die Kultur als eine homogene Einheit. Sie vertreten eher die Auffassung, dass Kultur bzw. kulturelle Identität etwas Wandelbares ist. In diesem Zusammenhang erscheinen die Migration und die dadurch verursachte Heterotopie und Pluralität nicht mehr als Bedrohung, sondern als Chance. Hier erfahren wir auch eine Verlegung des Augenmerks von dem *„Warum"* auf das *„Wie"* der Migration.

Im Rahmen der Literaturwissenschaft sind die Arbeiten von David Simo, Albert Gouaffo, Ludger Pries und Horst Hamm über die Migration, für meinen Ansatzpunkt, besonders wichtig.

Beispielsweise untersucht David Simo in seinem Artikel *„Migration, Imagination und Literatur"* die neuen Paradigmen, die sich auf dieses neue Literaturgenre beziehen. Aus dieser Untersuchung geht etwa hervor, dass in der Migrationssituation drei verschiedene Räume zu unterscheiden sind: den wahrgenommenen Raum, den vorgestellten Raum, und den erlebten Raum[11].

Albert Gouaffo für seinen Teil untersucht das Potential der Migrationsliteratur für das interkulturelle Training in seinem Artikel betitelt *„Afrikanische Migrationsliteratur und interkulturelles Lernen. Zu ihrem Stellenwert im Literatur-oder Landeskundeunterricht des Deutschen als Fremdsprache im deutschsprachigen Kulturraum"*. Er zieht den Schluss,

---

[10]. Vgl. **Klaus MÜLLER-RICHTER**, Imaginäre Topografien. Migration und Verortung, in: **Klaus Müller-RICHTER und Ramona URITESCU-LOMBARD** (Hg.), *Imaginäre Topografien. Migration und Verortung*, Bielefeld 2007, S. 11ff.
[11]. Vgl. **David SIMO**, Migration, Imagination und Literatur, in: **David SIMO/Leo KREUTZER** (Hg.): *Weltengarten. Deutsch-Afrikanische Jahrbuch für interkulturelles Denken*, Hannover, Wehrhahn Verlag, , 2009/2010, S.7-58.

dass diese Literatur in der Migrationssituation als Dialogangebot sowohl an die Minderheits- als auch an die Mehrheitsgesellschaft gelten kann[12].

Ludger Pries ergründet die verschiedenen Typen von Migranten und erhebt den Transmigrant zum Migrantenvorbild in seinem Artikel betitelt: „*Migration und Integration in Zeiten der Transnationalisierung, oder warum braucht Deutschland eine ‚Kulturrevolution'?*"[13].

Hort Hamm untersucht den Übergang der Bundesrepublik von einem Auswanderungs- zu einem Einwanderungsland in dem ersten Kapitel seinem Buch betitelt: „*Fremdgegangen-freigeschrieben. Eine Einführung in die deutschsprachige Gastarbeiterliteratur*"[14] und er unterstreicht somit die Permanenz des Phänomens „Migration".

Methode der Arbeit

Die Migrationsliteratur gilt als interkulturelle Kommunikation. Demgemäß hat man die Möglichkeit bei der Untersuchung eines dazu gehörenden Werkes, sich zwei verschiedener methodischer Verfahren zu bedienen und zwar des Komparatistischen und des Diskursanalytischen. Ich für meinen Teil halte es für angebracht, mich für die Ausarbeitung meiner Untersuchung auf die Diskursanalyse zu stützen. Jürgen Bolten definiert das diskursanalytische Verfahren folgenderweise:

> Diskursanalytisch gehen jene Untersuchungen vor, die sich überwiegend mit mündlicher Kommunikation befassen. Sie gehen von interkulturellen Missverständnissituationen oder diagnostizierten Kommunikations-bzw. Handlungsstörungen in

---

[12]. Vgl. **Albert GOUAFFO,** Afrikanische Migrationsliteratur und interkulturelles Lernen. Zu ihrem Stellenwert im Literatur-oder Landeskundeunterricht des Deutschen als Fremdsprache im deutschsprachigen Kulturraum, in **Albert GOUAFFO (Hg)**, *Mont Cameroun. Literaturen der Migration in Deutschland: Das Beispiel Afrika. Les littératures de migration en Allemagne : le cas de l'Afrique,* Dschang, Dschang University Press, décembre 2009, S. 53ff.

[13] . Vgl. „Migration und Integration in Zeiten Transnationalisierung, oder warum braucht Deutschland eine Kulturrevolution? In: http://www.inccas.de/es/download/publ-2001_lp_miguintegration.pdf. (Gelesen am 18./12/10).

[14]. Vgl. **Horst HAMM,** *Fremdgegangen-freigeschrieben. Eine Einführung in die deutschsprachige Gastarbeiterliteratur,* Würzburg, Könnigshausen v. Neumann, 1988.

interkulturellen Interaktionen aus und versuchen, sprachlich bedingte Ursache für diese Störungen zu ermitteln.[15]

Ich stütze mich auf diese Methode, um die Stellungnahme der verschiedenen Figuren zu dem interkulturellen Befinden in der Fremden durchzuarbeiten und daher könnte ich die daraus entstehenden Migrationsdiskurse darstellen.

Auch wäre es angebracht, auf die Strukturanalyse[16] zurückzugreifen, um die Struktur des Werks tiefgreifend zu erforschen.

Aufbau der Arbeit

Die vorliegende Arbeit besteht aus drei Kapiteln.

Im ersten Kapitel verfolge ich das Ziel, es herauszustellen, wie dieses neue literarische Feld, und zwar die Migrationsliteratur, entstanden ist. Dieses Kapitel wird freilich als eine Art allgemeine Betrachtung fungieren. Hierbei wird der Versuch unternommen, es hervorzuheben, inwiefern der Übergang von der Gastarbeiterliteratur[17] zu der Migrationsliteratur ein Paradigmenwechsel aufweist. In diesem Kapitel wird auch die Gelegenheit ergriffen, die verschiedenen Modelle des Zusammenlebens in einer multi-oder interkulturellen Gesellschaft darzubieten. Es handelt sich ja um Segregation, und/oder Integration.[18]

Im Mittelpunkt des zweiten Kapitels steht die Absicht, es zu zeigen, inwiefern das Werk „**Schwarzer sein im weißen Himmel**" als ein Werk der Migrationsliteratur betrachtet werden kann. In dieser Hinsicht wird die Textstruktur besonders berücksichtigt. Daher werde ich die verschiedenen Auffassungen des Raums[19], die Typisierung der Figuren und die Dauer des Aufenthalts in der Migrationssituation tiefgründig untersuchen.

---

[15].Vgl. **Alois MOOSMÜLLER** (Hg.), Interkulturelle Kommunikation. Zitiert nach: **SIMO,** Migration, Integration und Literatur. a. a. O. S. 171.
[16]. Vgl. **Jürgen SCHUTTE,** *Einführung in die Literaturinterpretation*, Stuttgart, Metzler, 1985.
[17]. Vgl. **Horst HAMM,** *Fremdgegangen-freigeschrieben, a.a.O.*
[18]. Vgl. **Hans-Jürgen LÜSEBRINK,** *Interkulturelle Kommunikation. Interaktion, Fremdwahrnehmung, Kulturtransfer*, Stuttgart, Weimar, 2005, S. 130.
[19]. **David SIMO,** Migration, Integration und Literatur, a. a. O, S. 21f.

Das dritte Kapitel ist so aufgebaut, dass zuerst die Integrationshürden und dann die einer gelungenen Integration zugrunde liegenden Faktoren präsentiert werden. Ich gehe von der Grundannahme aus, dass die Integration[20] schwarzer Afrikaner im Abendland nicht reibungslos geschieht. Es gibt tatsächlich eine Fülle von integrationshemmenden Faktoren, die alle Ebenen des gesellschaftlichen Lebens –soziokulturelle, wirtschaftliche, und politische Ebene- umfassen. Ebenso kann man von einer gelungenen Integration erst sprechen, wenn das Individuum oder die kulturelle Minderheit sich soziokulturell, ökonomisch und politisch frei entfaltet.

---

[20]. „Unter einem soziologischen Gesichtspunkt meinen wir mit Integration die Ausbildung einer **Wertegemeinsamkeit** mit dem Einbezug von Gruppierungen, die zunächst oder neuerdings andere Werthaltungen vertreten, oder einer Lebens-und Arbeitsgemeinschaft mit dem Einbezug von Menschen, die aus den verschiedensten Gründen von dieser ausgeschlossen und teilweise in Sondergemeinschaften zusammengefasst waren". **GOUAFFO**, Afrikanische Migrationsliteratur und interkulturelles Lernen, a. a. O, S. 55.

KAPITEL I

THEORETISCHE ÜBERLEGUNGEN ÜBER DAS NEUE LITERATRURGENRE: „MIGRATIONSLITERATUR"

KAPITEL I

THEORETISCHE ÜBERLEGUNGEN ÜBER DAS NEUE LITERATURGENRE: „MIGRATIONSLITERATUR"

Inhaltlicher Schwerpunkt dieses Kapitels betrifft die theoretischen Überlegungen über die Migrationsliteratur. Die Grenzziehung zwischen Gastarbeiterliteratur und Migrationsliteratur wird erstens unternommen. Zweitens werden die Grundbegriffe dieses Literaturgenres geklärt. Der Frage, welche die verschiedenen Modelle des (Zusammen)Lebens in einer Gesellschaft mit kultureller Vielfalt sind, wird drittens nachgegangen. Diesem Kapitel wird freilich eine ausschlaggebende Bedeutung anerkannt, insofern als ich hiermit die Gelegenheit ergreife, für die Migrationsliteratur unentbehrliche theoretische Grundkategorien zu klären, ehe es in den Kern der Sache vorgedrungen wird.

1.1. Gastarbeiterliteratur / Migrationsliteratur: Zum Paradigmenwechsel?

In der Literaturgeschichte gibt es zahlreiche Termini und Begriffe zur Bezeichnung literarischer Werke von Autoren, die aus einer von mindestens zwei Kulturräumen geprägten Sichtweise schreiben. Diese Fülle von Bezeichnungsmöglichkeiten, etwa „Ausländerliteratur", „Literatur von außen", „Literatur von innen", „kleine oder andere Literatur", „Gastarbeiterliteratur", „Migrationsliteratur", „Migrantenliteratur" und „inter- oder multikulturelle Literatur", gibt die Schwierigkeit der Literaturwissenschaft wieder, das Phänomen der multi- oder interkulturellen Literatur in seinen zahlreichen Facetten zu benennen. Der vorliegende Unterteil meiner Arbeit macht sich die Erforschung der wichtigsten Bereiche dieser Literatur, nämlich Gastarbeiterliteratur und Migrationsliteratur, und die Hervorhebung der daraus ergebenen Unterschiede zur Aufgabe. Ich halte es auch für angebracht, die wiederkehrenden Grundkategorien „Fremdheit und Interkulturalität" zu untersuchen.

1.1.1. Die Gastarbeiterliteratur

Ab 1955 kommen künftige Autoren neuentstehender multikultureller Literatur zunächst hauptsächlich aus der Türkei, Italien, Spanien, Portugal, Jugoslawien und Griechenland an den deutschen Literaturstandort. Dieser große Teilbereich der deutschsprachigen multikulturellen Literatur im 20. Jahrhundert, der Literatur von Migranten, die in der ersten Phase der sich neu entwickelnden Migration in den deutschsprachigen Raum entsteht, wird zunächst als Gastarbeiterliteratur bezeichnet. Der Weg zu solchem Erfolg ist jedoch nicht reibungslos gewesen. Zwar gibt es bald hierhin, bald dorthin einige Veröffentlichungen von Gastarbeitern oft auch in der deutschen Sprache aber diese erfolgt nur vereinzelt. Autoren bleiben durch nationale Schranken getrennt. Horst Hamm schildert diese Situation wie folgt:

> Einheitliche Literatur, die sich umfassend mit der Situation der Fremde auseinandergesetzt hätte, entstand nicht, noch nicht, muss man einschränken. Die einzelnen (nationalen) Gruppen beharrten auf ihren Traditionen; sie verstanden sich als Türken, Italiener oder Griechen, nicht aber als multinationale und multikulturelle Einheit: Keiner hatte mit einem Schriftsteller aus einem ihm fremden Herkunftsland etwas gemein.[21]

In Anlehnung daran kann man zu jenem Zeitpunkt nicht von Gastarbeiterliteratur als übergeordnetem Gattungsbegriff Sprechen. Literarische Werke sind in der Sprache des Herkunftslands verfasst und haben daher keinen Zugang zur Öffentlichkeit. Die 1979 in der deutschen Sprache erschienenen Gedichte „Nicht nur gastarbeiterdeutsch" von Franco Biondi bedeutet einen entscheidenden Wendepunkt in der deutschsprachigen Gastarbeiterliteratur. „Die deutsche Sprache [wird] in eine Lingua Franca umgewandelt."[22] Gastarbeiter beschreiben ihren Alltag – meistens mühseligen, anstrengenden Alltag- durch die Verwendung der deutschen Sprache und entziehen sich daher ihrer bis dahin hoffnungslosen Isolationslage:

> Sie [die Literatur der Gastarbeiter- M.E.J] soll vielmehr die ansprechen, die mit   Gastarbeitern auf derselben Ebene stehen, aber auch die, die von ihrer Situation, wie sie noch ist und werden kann, erfahren wollen, damit sie sie besser verstehen.

---

[21] . **Horst HAMM**, *Fremdgegangen-freigeschrieben, a. a. O*, S. 31.
[22] . **Gino CHIELLINO**, *Literatur und Identität in der Fremde*, Augsburg 1985, S. 45.

Herbei wird versucht, die literarische Kommunikation zunehmend in Deutsch zu schreiben. Damit wollte und will man auch das Gemeinsame betonen, um Brücken zu schlagen zu den deutschen Mitbürgern und zu den verschiedenen Minderheiten anderer Sprachherkunft in der Bundesrepublik.[23]

Die deutsche Sprache wird demgemäß zum Solidaritätsmedium unter Ausländern verschiedener kultureller Herkunft. Die von den schreibenden Gastarbeitern gegründeten Vereine, etwa *„PoLikunst"* und *„Südwind gastarbeiterdeutsch"*, tragen ausschlaggebend zur Entfaltung dieses Literaturgenres bei. Was die *„PoLikunst"* anbelangt, verfolgt sie das Ziel, die Verbreitung der von Ausländern geschaffenen Kunst und Literatur zu fördern. Der *„Südwind"* trägt seinerseits die Elemente des Südländischen in die deutsche Gesellschaft. Mit Gino Chiellino, erstem Vorsitzenden von *„PoLikunst"* und Guiseppe Giambusso, Herausgeber der *„Südwind-Literatur"*, erscheinen die Italiener als federführende kulturelle Minderheit der Gastarbeiterliteratur. Neben ihnen zählt man auch Schriftsteller türkischer Herkunft. Nevzat Üstün, Bekir Yildiz und Yüksel Pazarkaya werden aufgrund ihrer bereits 1965 und 1966 ersten Veröffentlichungen von meisten Literaturwissenschaftlern als Pioniere dieses neuen deutschen Literaturgenres genannt. Diese Autoren versuchen literarisch den Gastarbeiteralltag zu gestalten und sie heben häufig den aus der Migrationserfahrung entstandenen Kulturschock hervor.

Die einheimische deutsche Rezeption lässt auf sich nicht warten. Sie geht vorwiegend vom Institut für Deutsch als Fremdsprache (Daf) an der Ludwig-Maximilians-Universität in München. Besonders setzen sich hier Irmgard Ackermann und Harald Weinrich ab Ende der 1970er Jahre für die Wahrnehmung, Aufwertung und Verbreitung der von Migranten verfassten Literatur ein. Viele Autoren werden vom Goethe-Institut gefördert, und die Bayerische Akademie der schönen Künste spielt durch ihre Beteiligung an der Schaffung des Adelber-von-Chamisso-Preises, dem Literaturpreis für deutschsprachige Literatur nationaler bzw. kultureller Minderheiten, eine wichtige Rolle. Ab den 1980er Jahren beginnen an Hochschulen und Universitäten in Deutschland sowie in nichtdeutschsprachigen Ländern Magisterarbeiten und Dissertationen zum Thema *„Multikulturelle Literatur"* zu entstehen.

---

[23]. **Franco BIONDI / Rafik SCHAMI**, *Literatur der Betroffenheit*, O. EO, 1981, S. 134.

Dies macht die Tatsache ersichtlich, dass die Gastarbeiterliteratur als eigenständige neue deutsche Literaturströmung sich behauptet und daher sowohl an Bedeutung als auch an erweiterter Sichtweite gewonnen hat.

Es bestehen aber Bedenken über die Bezeichnung Gastarbeiterliteratur, in dem Maße wie wenige Autoren zum Zeitpunkt des Schreibens tatsächlich Gastarbeiter sind. Die meisten Schriftsteller sind Gelehrte. Bereits Gino Chiellino stellte diese Tatsache fest: „seit Anfang der siebziger Jahre sind immer mehr Abiturienten und Akademiker unter den [schreibenden] Italienern anzutreffen"[24]. Biondi, Schami, Scheinhardt, alle Schriftsteller der ersten Generation, waren beispielsweise Akademiker. Von denjenigen der zweiten Generation ist freilich ganz zu schweigen. Sie sind zwar in einem Gastarbeitermilieu aufgewachsen, sind aber durch Bildung die soziale Stufenleiter hinaufgesteigert. Daher stoßen sie nicht mehr auf dieselben Schwierigkeiten, mit denen die echten Gastarbeiter konfrontiert sind. Eine Gleichsetzung dieser Schriftsteller mit Gastarbeitern wäre dementsprechend demagogisch und unehrlich.

Das Ende der Gastarbeiterpolitik in Deutschland sowie die literarische Wortergreifung von Schriftstellern der zweiten oder dritten Generation und schließlich die der anderen Ausländer, wie Afrikaner, die nicht nach Deutschland im Zuge der Gastarbeiterpolitik ausgewandert waren, fordert unmittelbar die Erarbeitung eines neuen Konzepts, das in die literarische Geschichtsschreibung als *Migrationsliteratur* eintritt.

1.1.2. Die Migrationsliteratur

Der Begriff „Migrationsliteratur" ist heutzutage zur gängigen Bezeichnung literarischer Produktion deutschsprachiger Autoren mit einem Migrationshintergrund geworden. Folgerichtig will ich in diesem vorliegenden Unterteil diesem Begriff und den sich darauf beziehenden Grundkategorien tiefgründig nachforschen. Ich stelle mir freilich die Aufgabe, den folgenden Fragestellungen nachzugehen, und zwar, was die Begriffe Migration und Mobilität bedeuten, welche thematischen Schwerpunkte von Autoren erarbeitet werden.

---

[24] . Gino **CHIELLINO**, *Literatur und Identität in der Fremde*, a. a. O, S.42.

1.1.2.1. Migration und Mobilität

„Die Migration", so Mensah Wekenon, „wird in der Literatur, der Ethnologie und der Linguistik als Wanderung eines Individuums einer Menschengruppe oder eines Volkes aufgefasst."[25] Das Phänomen betrifft aber ausschließlich die Bewegung im Raum solcher Personen oder Menschengruppe, welche die Absicht eines dauerhaften Wohnortswechsels besitzen. Dementsprechend soll nicht jede räumliche Bewegung mit Migration gleichgesetzt werden. Reisende, beruflich bedingte Pendler, oder Touristen, die eben keine dauerhaften Wohnortswechsel vollziehen, werden nicht zur Gruppe von Migranten gerechnet. Erwähnenswert ist auch die Tatsache, dass dieses Phänomen sich sowohl innerhalb nationalstaatlicher Grenzen- in diesem Fall als Binnenmigration bezeichnet- als auch und meist grenzüberschreitend –internationale Migration- vollziehen kann.

Gründe für die internationale Migration lassen sich durch zwei Begriffe zusammenfassen. Es handelt sich zum einen um *„Push-Faktoren"* und zum anderen um *„Pull-Faktoren".*

„Push-Faktoren" nennt man jene Gründe bzw. Beweggründe wie etwa politische oder religiöse Folgen, wirtschaftliche Krisen, Bürgerkriege oder Umwelt- und Naturkatastrophen, die das Individuum zur Auswanderung zwingen. Sie betreffen also das Herkunftsland und die dorthin herrschenden sozialen, politischen, religiösen und ökonomischen Verhältnisse.

„Pull-Faktoren" bezeichnen zuwider jene Gründe und Anreize des Aufnahmelandes, die eine Wirkung auf das Individuum ausüben und dadurch die Migration motivieren. Politische Stabilität, demokratische Sozialstruktur oder auch ökonomische Wohlstandlage kommen hier beispielsweise in Betracht. In dem Migrationskontext bildet die Zusammenwirkung von Push- und Pull-Faktoren auf das Individuum die Beweggründe der Migration.

---

[25]. **Tokponto MENSAH WEKENON**, Afrikanische Märchen in deutscher Übersetzung: Ein Vergleich von Märchen der Fon und der Gebrüder Grimm im Deutschunterricht , In: **Albert GOUAFFO** (Hg), *Mont Cameroun. Literaturen der Migration in Deutschland: Das Beispiel Afrika*, a.a.O, S. 153 ff.

Auf die Frage, ob das Phänomen Migration neu ist, verneint der Blick auf die Menschheitsgeschichte. Dieser erteilt eher Auskunft darüber, dass Migration zu jeder Zeit gehört. Damit wird suggeriert, dass sie keineswegs ein neues Phänomen ist. Eine solche Hervorhebung erweist sich als besonders triftig, insofern als die Verarbeitung der Migrationsthematik durch die abendländischen Massenmedien das Phänomen in der Geschichte als außergewöhnlich und daher misstrauisch, ja merkwürdig erscheinen lässt. Gegen eine solche Migrationskonzeptualisierung wendet sich etwa Simo. Im Vorwort zu seinem Sammelband betitelt *„Migrationen heute und gestern"* hebt er die Tatsache hervor, dass er in jenem Band das Ziel verfolgt, „die Permanenz der (Migrations-) Problematik zu unterstreichen"[26].

Was man auch immer sagen mag, soll die abendländische aber auch die südländische öffentliche Meinung die Tatsache erkennen, dass Migration dem Schwarzkontinent nicht typisch ist. Es ist soweit gekommen, dass sich das Augenmerk durch die Massenmedien um die Migration Schwarzafrikaner herauskristallisiert und folglich kommt die Einstellung zum Ausdruck, dass die Abendländer nie grenzüberschreitend migrieren. Das liegt daran, dass die Migration von Menschen aus sogenannten armen Gegenden in ökonomisch reiche Länder des Westens, also von der *„Peripherie"* zu dem *„Zentrum"* als chaotisch und ungewöhnlich betrachtet wird. Die Bewegung bzw. Migration, die sich zwischen Ländern des Zentrums vollzieht, wird dagegen als normal gedeutet. Darüber sprechen die internationale Gemeinschaft und die Medien nicht. Wie dem auch sei, ein anderer Begriff wird verwendet, um solche Bewegung zu bezeichnen: **die Mobilität.**

Im Grunde genommen vollzieht sich die Auswanderung von dem Zentrum zu der Peripherie und besonders innerhalb des Zentrums einwandfrei, ja reibungslos. Der US-Amerikaner, der den Entschluss trifft, in Frankreich, in England oder in Kamerun zu siedeln, kann tatsächlich nicht durch Einreisevisumsschwierigkeiten aufgehalten werden. Die Auswanderung von der Peripherie nach dem Zentrum tritt zuwider als anormal auf. Sie wird zur Kränkung, zur Zerstörung.

Vermitteln die Medien den Eindruck, dass die *„Push-*und *Pull-Faktoren"* der Migration armer Leute sich auf ökonomische Verhältnisse reduzieren, dann leisten sie

---

[26]. **David SIMO**, Migration, Imagination und Literatur, a.a.O, S.6.

gleichzeitig einen beklagenswerten, ja beschwerlichen Beitrag zur Glut der Debatte über die Migration. Daraus ergibt sich Unterlegenheits-und Überlegenheitsgefühl, Abgrenzung, Fremdenhass und Vorurteil. In dieser Hinsicht ist die folgende Aussage Sankohs beredsam:

> Das Vorurteil, dass ein Afrikaner nur nach Deutschland kommt, weil er arm und hilfsbedürftig ist, ist offensichtlich nicht aus der Welt zu schaffen. Die Menschen hier [in Europa- M.E.J] haben immer nur die Bilder verhungernder Afrikaner, wie sie im Fernsehen gezeigt werden, im Hinterkopf.[27]

Dass im Kontext der Migration Menschen je nach ihrer Herkunft unterschiedlich behandelt werden, weiß jeder. Im Paris, Berlin, oder London stoßen ein Schwarz-US-Amerikaner und ein Schwarzafrikaner nicht auf dieselben Schwierigkeiten. Zudem wird die Migration von Armen immer mehr kodifiziert bzw. kanalisiert. Die von dem gegenwärtigen Staatspräsidenten Frankreichs vorgeschlagene *„Immigration choisie"*[28] ist in diesem Zusammenhang in Erinnerung zu rufen.

In Anbetracht dieser Sachlage erweist sich die Wortergreifung von Migranten aus Schwarzafrika als dringend, denn ohne diese geben die Afrikaner der abendländischen öffentlichen Meinung die Debatte über die Migration preis.

1.1.2.2. Die schwarzafrikanische Migrationsliteratur

Obwohl die Bezeichnung „Migrationsliteratur" in dem deutschen literarischen Feld nicht unumstritten ist, wirkt sie aber angemessener. Die Legitimität dieses Begriffs beruht auf seiner Präzision und seiner Neutralität, weil er sich mehr auf das Wesen der Texte konzentriert, das eigentliche Objekt der Literaturwissenschaft.

In Anlehnung an Albert Gouaffo können wir also die Migrationsliteratur als jene Literatur bestimmen, „die aus der Feder von Migranten stammt und sich auf die

[27]. **Osman ALIMAMY SANKOH**, *Ein Vermittler zwischen zwei Welten. Afrika und Deutschland (Roman)*, Berlin, 1999, S.139
[28].Vgl. **Claire PLANCHARD** « La loi Sarkozy : Ce qui va changer », In: http://www.linternaute.com/actualite/savoir/06/immigration-europe/loi-sarkozy.shtml . (Gelesen am 10. Februar 2011)

Einwanderungsgesellschaft als Ort der Literaturproduktion und-Rezeption konzentriert"[29].
Der Migrant arbeitet einen während seines Aufenthalts auf die Aufnahmegesellschaft
fokussierten Text aus.

Betrachtet man näher diese Bestimmung, fällt einem die folgende Frage ein: Warum
schreiben die Afrikaner auf Deutsch? Auf die Frage nach der Wahl der Sprache, genauer
gesagt, der deutschen Sprache kann man antworten, dass Deutsch jene Sprache ist, mit
derer Hilfe diese Menschen ihre Anonymität, Ohnmacht und Isolation mindern. Deutsch
wird zur Waffe, zur Lebenshilfe. Dies liegt daran, dass im Kontext der Migration der
Einzelne seine Heimat verliert aber auch keine neue gewinnt. Er steht in dem
Zwischenraum. Er kann nicht mehr die gewohnte Sprache verwenden, weil diese dem
neuen Kommunikationsraum nicht entspricht. Erst die Verwendung der deutschen Sprache
verhilft ihm dazu, sich seiner Isolationslage zu entziehen. Er taucht aus der Isolation auf
und ergreift das Wort. Die Wahl der Sprache impliziert zugleich die Wahl der Adressaten.
In diesem Zusammenhang sagt Hamm ausdrücklich:

> [...]in deutscher Sprache veröffentlichende Autoren treten aus
> ihrer (landes-) sprachlichen Isolation heraus und können sich
> miteinander und mit Deutschen verständigen.[30]

Dass sich die schreibenden Migranten der deutschen Leserschaft wenden, ist
selbstverständlich nicht zufällig, insofern als inhaltliche Schwerpunkte jener Literatur die
kritische Auseinandersetzung mit der deutschen Kultur, die Identitäts-, Entfremdungs-,
Heimats-, und Integrationsproblematik betreffen. Daher steht das „Wie" der Migration, das
heißt, die Frage nach dem interkulturellen Befinden in der Fremden im Mittelpunkt ihrer
literarischen Produktion.

Diesen Kernbegriffen bzw. Grundkategorien, nämlich „Fremdheit" und
„Interkulturalität", will ich infolgedessen jetzt als in der Migrationsliteratur
wiederkehrende Kategorien bzw. Thematiken nachgehen.

---

[29]. **Albert GOUAFFO**, Afrikanische Migrationsliteratur und interkulturelles Lernen, a. a. O, S. 54ff.
[30]. **Horst HAMM**, *Fremdgegangen-freigeschrieben.*, a. a. O, S. 115.

1.2 Fremdheit und Interkulturalität als wiederkehrende Thematiken der Migrationsliteratur

Aus der Untersuchung mancher Werke der Migrationsliteratur kommen zwei Grundkategorien hervor, deren Klärung unentbehrlich ist. Es handelt sich nämlich um Fremdheit und Interkulturalität.

1.2.1. Fremdheit

Will man an die Fremdheitsproblematik herangehen, soll man von vornherein die Feststellung machen, dass es sich bei dem Begriff *„fremd"* um einen relationalen Begriff handelt. Dieser steht beispielsweise oft im Zusammenhang mit dem Begriff *„eigen".*

Semantisch gesehen, unterscheidet man drei Bedeutungsebenen des Wortes *„fremd",* die die Vorstellung bestärkt, das Wort sei vieldeutig.

Zunächst bedeutet fremd „was außerhalb des eigenen Bereichs vorkommt"[31]. In dieser Hinsicht wird Fremderfahrung erst möglich, wenn man aus der vertrauten Umgebung etwa durch Reise, ja Migration ausgeht.

Die zweite Bedeutung verweist dann auf die Zugehörigkeit. In Anschluss daran ist fremd, was einem Anderen gehört. Man spricht hier von der fremden Kultur, d. h. einer Kultur, zu der man nicht gehört.

Letztendlich bestimmt die dritte Bedeutung das Wort *„fremd"* als das, was merkwürdig erscheint und dieses wird in anderen europäischen Sprachen ergiebig mit Wörtern wie *„étrange"* auf Französisch und *„strange"* auf Englisch ausgedrückt.

Neben dieser rein sprachlichen Bestimmungsmöglichkeit zählt man auch eine von der räumlichen Perspektive ausgegangenen Fremdheitsauffassung, die sich für die Frage nach der Überwindung der Fremdheit des Fremden interessiert, und Antworte zum Erdenken derselben vorschlägt. Ortrud Gutjahr fasst diese Bestimmungsperspektive zusammen:

---

[31]. **Michael HOFFMANN**, *Interkulturelle Literaturwissenschaft. Eine Einführung*, Paderborn , Wilhelm Fink Verlag, 2006, S. 14.

18

Fremde als Alteritätsrelation zur Selbstbestimmung lässt sich unter räumlicher Perspektive unter drei prinzipiellen Erscheinungsformen fassen: zum einen als das jenseitige, prinzipiell Unverfügbare und Unzugängliche; zum anderen als das unbekannte Draußen, das dem vertrauten Raum, sei es in dem eigenen Körper, der Familie oder der sozialen Gruppe, entgegensetzt ist; und schließlich als Einbruch in einen als eigen definierten Innenraum.[32]

Eine solche Äußerung ist erklärungsbedürftig. Hiermit wird deutlich, dass hinsichtlich der räumlichen Perspektive drei Bedeutungskomponenten des Begriffs „Fremdheit" zum Vorschein kommen.

Zuerst wird fremd als das *„Unverfügbare und Unzugängliche"* bezeichnet. Dieser Bestimmung kommt eine ausschlaggebende Bedeutung zu. Gerade, in dem Maße wie sie im Umgang mit dem Fremden die Unmöglichkeit der Überwindung der Fremdheit desselben impliziert. Der Fremde, da er unzugänglich ist, bleibt uns fremd. Das Beharren auf dem Eigenen und die Ausgrenzung dem Fremden gegenüber ist demgemäß eine logische Folge solcher Fremdheitserfahrung.

Mit der Bedeutungsfacette der Fremdheit als das Unbekannte, besser als das noch *„unbekannte Draußen"*[33], öffnet sich ein breites Hoffnungsfeld zur Überwindung der Fremdheit des fremden. Hiermit wird eindeutig, dass diese Bedeutungsfacette der Fremdheit das bereichernde ist. Sie wird, wie eingangs unterstrichen, durch Reise ermöglicht. Unter Reise verstehe ich hier sowohl die tatsächliche Bewegung zum Fremden als auch die durch die Massenmedien ermöglichte virtuelle Versetzung in das Fremde.

Die dritte von räumlicher Perspektive ausgehende Fremdheitsbedeutung bestimmt diese Größe als *„das Unbekannte Drinnen"*[34]. Sie bezieht sich auf den Eintritt einer unbekannten Person in den anderen Menschen vertrauten Raum. Eine derartige Bestimmung entspricht der Migrationserfahrung. Sie lässt unbekannte Personen in neue kulturelle Räume auftauchen, die die Einheimischen als eigen betrachten. Erwähnenswert ist die Tatsache, dass bei jener Fremdheitserfahrung der Modus der Aufnahme vom

[32].**Ortrud GUTJAHR**, Alterität und Interkulturalität. Neuere Deutsche Literatur, In: **Claudia BENTHIEN/Hans Rudolf VELTHEN** (Hrsg.), *Germanistik als Kulturwissenschaft, Eine Einführung in neue Theoriekonzepte*, Reinbek bei Hamburg , 2002, S. 361.
[33]. Ebd
[34]. Ebd.

Fremden problematisch ist. In Anlehnung daran wird postuliert, dass die Überwindung der Fremdheit des Fremden zwar möglich ist, aber der Fremde zunächst misstrauisch behandelt wird, soweit die Absicht seines Eintritts nicht geklärt ist.

Aus dem oben Gesagten ergibt sich, dass der Begriff Fremdheit mehrdeutig ist. Er kann nicht nur aufgrund einer sprachlichen Dimension, sondern auch ausgehend von einer räumlichen Perspektive erdacht werden.

Es bestehen aber Bedenken über die Überzeugung, wonach bei der Inszenierung des Eigenen und des Fremden, es um klar definierte und statische Einheiten geht. Zur Klärung dessen greife ich auf die Migrationserfahrung zurück, wo der Migrant sowohl in Aufnahmeland als auch in Herkunftsland sich fremd fühlt, oder als fremd behandelt wird: „In Deutschland war ich eine Ausländerin und in Portugal war ich die ‚Deutsche' ", schreibt beispielsweise die Portugiesin Ana Christina de Jesus Dias. Sie fügt hinzu: „wohin gehöre ich? Ich stelle mir oft die Frage [: …] wo ist es besser zu leben? Als Fremde in der Fremde oder als Fremde im eigenen Heimatland?"[35] Dies legt beiläufig Zeugnis davon ab, dass, wie bereits eingeräumt, der Begriff „fremd" relational und daher subjektiv ist.

Übrigens löst sich die Fremdheitsproblematik nicht mit der Bestimmung derselben auf. Die weitere Frage, die sich der Phänomenologie des Fremden aufdrängt, betrifft jene der Modi der Fremdwahrnehmung.

Unter Fremdwahrnehmung oder Fremderleben verstehen die Wissenschaftler die Reaktion bzw. die Haltung gegenüber dem Fremden oder die Art und Weise, mit dem Fremden umzugehen. Ortfried Schäffter unterscheidet dabei vier „Modi des Fremderlebens."

Das erste Deutungsmuster lässt das Fremde als „abgetrennte Ursprünglichkeit"[36] erscheinen. Diese Deutungsmuster impliziert zwei wesentliche Einstellungen. Zunächst die feste Überzeugung eines gemeinsamen Ursprungs mit der Erhebung des Fremden zum Vorbild oder zur überholten Entwicklungsphase des Eigenen als Folge. Dann die Ansicht

[35].Vgl. **Irmgard ACKERMANN** (Hg), *In zwei Sprachen leben. Berichte, Erzählungen, Gedichte von Ausländern*, München, 1983, S 23f.
[36].**Ortfried SCHÄFFTER**, Modi des Fremderlebens, in: DERS. (Hg), *das Fremde, Erfahrungsmöglichkeiten zwischen Faszination und Bedrohung*, Opladen , 1991, S 11-42.

einer prinzipiellen Möglichkeit der Überwindung der Fremdheit des Fremden aufgrund der gemeinsamen anthropologischen Basis[37].

Der zweite von Schäffer[38] skizzierte Fremderlebenmodus beruht auf einer essentialistischen Auffassung der Kategorien „fremd" und „eigen", die jene Kategorien als statische eindeutig voneinander abgegrenzte Größe erdenkt. Als Gegenbild erscheint das Fremde durchaus als verborgene Bedrohung. Offenkundig erweist es sich demgemäß, dass eine solche Fremdwahrnehmung nur zur Abgrenzung dem Fremden gegenüber, ja zur Ausländerfeindlichkeit führen kann.[39]

Der dritte Modus beruht hingegen auf einer existentialistischen Auffassung der Kategorien „fremd" und „eigen", wobei auf die Vorstellung statischer klar definierter Größen verzichtet und eher die Wandelbarkeit, die Entwicklungsmöglichkeit deren betont wird. Dieser Modus des Fremderlebens deutet Fremdheit als Ergänzung, Bereicherung anhand wechselseitigen Austauschs. Er könnte dieser globalisierten Welt entsprechen. Prüft man jedoch diesen Modus tiefschürfend, zieht man dann die Schlussfolgerungen, dass er nicht einwandfrei ist. Dieser Modus ist nicht nur utilitaristisch, denn er instrumentalisiert das Fremde zum eigenen Vorteil, sondern auch assimilationsstrebend und könnte zu einem Verlust des Selbst führen.[40]

Ein vierter Modus des Fremderlebens ist folglich erforderlich. Dieser Modus lässt Fremdheit als Komplementarität auftreten. Er beruht auf der Erkennung der Grenzen des Verstehens des Fremden und auf dem Verzicht auf Einverleiben des Fremden. Er plädiert demgemäß für eine Respektierung des Fremden in seiner Fremdheit, die nicht mit dem Modus der Fremdheit als Gegenbild verwechselt werden darf, insofern als sie „nie zu einer starren Fixierung des Fremden und des Eigenen führt"[41]. Es gibt hier ein ständiges Schwingen des Individuums zwischen Positionen der Eigenheit und der Fremdheit.

Summa summarum soll man die Tatsache bekräftigen, dass diese verschiedenen Modi der Fremdwahrnehmung von manchen Forschern in zwei entgegenstehenden

[37]. Vgl. Ebd.
[38]. Vgl. Ebd.
[39]. Vgl. Ebd.
[40]. Vgl. Ebd.
[41]. **Michael HOFFMANN**, *Interkulturelle Literaturwissenschaft. Eine Einführung.* a. a. O, S. 25.

Haltungen zusammengefasst werden. Die Modi der Fremdwahrnehmung schwanken daher meistens einfach zwischen den Polen von Faszination und Feindbild.[42]

Neben „Fremdheit" gilt auch „Interkulturalität" als eine grundlegende Thematik der Migrationsliteratur.

1.2.2 Interkulturalität

Theorien und Konzepte über Interkulturalität sind kaum überschaubar, in dem Maße wie zahlreiche Wissenschaftler, darunter nicht nur Literaturwissenschaftler, sich damit auseinandergesetzt haben. Ausgangspunkt für die Bestimmung der Interkulturalität ist aber von vornherein die Klärung des Begriffs „Kultur".

Es gibt tatsächlich eine Fülle von Betrachtungsperspektiven, nach denen man den Begriff Kultur bestimmen kann. Prüft man genau Sachliteraturen über Interkulturalität, stellt man fest, dass die darüber arbeitenden Wissenschaftler vornehmlich den anthropologischen Kulturbegriff bevorzugen. Im Anschluss daran bestimmt Clifford Geertz Kultur als „Netz von Bedeutungen, in das der Mensch selbst verstrickt ist"[43]; Terry Eagleton spricht von einem „ Komplex von Werten, Sitten und Gebräuchen, Überzeugungen und Praktiken, die die Lebensweise einer bestimmten Gruppe ausmacht"[44]. Für Alexander Thomas ist Kultur „ein universelles, für eine Gesellschaft, Organisation und Gruppe aber sehr typisches Orientierungssystem. [...]"[45]

Bei der ersten Lesung fällt einem nach der Kenntnisnahme dieser Bestimmungen ein, dass diese die Kultur als eine statische, endgültige unveränderbare und homogene Größe erdenken. Es gäbe infolgedessen spezifische Werte Bzw. Handlungsmuster mit klar benennbaren Eigenschaften, die für eine Gesellschaft nicht nur charakteristisch, sondern auch zu jeder Zeit gültig wären. Eine solche durch essentialistische Einsicht beeinflusste Betrachtungsweise ist jedoch problematisch, denn nicht nur versäumt sie die verschiedenen

---

[42] . Vgl. **Helmut FRITZ**, Der Wilde im Alltag, In: **Thomas THEYE** (Hg.), *Wir und die Wilden, Einblicke in eine kannibalische Beziehung*. Reinbek, Rowohlt Taschenbuch Verlag GmbH, Januar 1985, S. 132-1141. Hier S. 141.
[43] . **Clifford GEERTZ**, *Dichte Beschreibung. Beiträge zum Verstehen kultureller Systeme*, Frankfurt am Main, 1983, S. 9-12.
[44] . **Terry EAGLETON**, *Was ist Kultur?*, München, 2001, S.51.
[45] . **Alexander THOMAS**, Psychologie interkulturellen Lernens und Handelns, in: **Thomas ALEXANDER** (Hg.) *kulturvergleichende Psychologie*, Göttingen , 1993, S. 380.

Tendenzen, die innerhalb einer Kultur vorhanden sind (ideologisch, sozial, berufbezogen, geschlechtsspezifisch), sondern sie vermittelt auch die Illusion, die Kultur sei statisch und homogen. Unter solchen Prämissen wäre eine angemessene Kulturbegegnung unmöglich.

Der Kulturbegriff, mit dem man an die Interkulturalitätsproblematik herangeht, beruht eher auf existentialistischen Theorien und betrachtet die Kultur bzw. kulturelle Identität als ein ständiges Konstrukt. So bestimmt beispielsweise Hyacinthe Ondoa die kulturelle Identität im Vorwort zu „Identität und interkulturelle(n) Beziehungen":

> Gegen Formen des Denkens, welche der kollektiven Identität einer statischen Substanz (englishness, Deutschtum Bzw. Deutschheit), einen homogenen, ahistorischen Charakter zuschrieben, hat sich in den neueren theoretischen Diskussionen eine Position durchgesetzt, die die Konstruiertheit von kollektiver Identität betont. Diese Position betrachtet die kollektive Identität aus der Perspektive des Werdens und legt besonderen Wert auf die Diskontinuitäten [...].[46]

Erst aufgrund eines derartigen Kulturbegriffs (Konstruktion, Wandelbarkeit, Heterotopie/ Heterogenität) erfolgt Interkulturalität zutreffend für unsere globalisierte Gesellschaft.

Interkulturalität betrifft also die Begegnung unterschiedlicher Kulturen und die daraus entstehenden Austausche und Phänomene, etwa Phänomene der Sprachmischung, Formen des kulturellen Synkretismus beispielsweise in der Kleidung (Afrolook). Es muss auch unterstrichen werden, dass im Phänomen der Interkulturalität einen „Zwischenraum"[47] bezeichnet wird, wo feste Grenzen verschwunden sind. Also aus der Mischung von Französisch, Englisch und afrikanischer Sprachen entsteht beispielsweise eine neue Sprache, die weder französisch noch Englisch oder „afrikanisch", sondern Kreol, ein intermediäres Feld, ist.

Statt Interkulturalität verwenden meistens Wissenschaftler manchmal andere Begriffe wie „Métissage", kulturellen Synkretismus, Hybridisierung und Hybridität, die, alle, unterschiedliche Formen der Kulturmischung bezeichnen. Aus einer anderen Perspektive

---

[46].**Hyacinthe ONDOA** (Hg.), *Identität und interkulturelle Beziehungen*, Leipzig, Leipziger Universitätsverlag, 2005, S. 8.
[47].Vgl. **Homi K. BHABHA**, *Die Verortung der Kultur*, Tübingen 2001, S. 58.

sollte der Begriff „Interkulturalität" nicht mit dem ihm verwandten, aber inhaltlich entgegengesetzten Begriff „Multikulturalität" verwechselt werden. Multikulturalität deutet zwar auf das Vorhanden zahlreicher Kulturen innerhalb einer Gesellschaft, suggeriert aber kein Miteinander, wie es die Interkulturalität fördert und fordert, sondern ein Nebeneinander der verschiedenen -hier homogenen, statischen- Kulturen.

Gerade den Modellen des Zusammenlebens von Kulturen in einer Gesellschaft möchte ich in der nächsten Arbeitsgliederung nachgehen.

1.3 Modelle des (Zusammen)Lebens in einer Gesellschaft mit kultureller Vielfalt.

Im vorliegenden Arbeitsteil wird mein ganzes Streben darauf gerichtet, zwei grundlegend entgegengesetzten Modellen des (Zusammen)Lebens in einer Gesellschaft mit kultureller Vielfalt auf den Grund zu gehen.

1.3.1 Segregation

Von dem spätlateinischen Substantiv „*Segregatio*" abgeleitet, bedeutet Segregation, die ihrerseits aus dem lateinischen Verb „*segregare*"[48] stammt, im Allgemeinen die Absonderung, die Ausscheidung, die Trennung oder die Abtrennung. Soziologisch gesehen bezeichnet Segregation die Trennung von Bevölkerungsgruppen aus religiösen, ethnischen oder sozialen Gründen. Diese Trennung betrifft die Gesamtheit der alltäglichen Aktivitäten etwa das Essen im Restaurant, die Benutzung von öffentlichen Aborten, die Schule, das Kino und den Wohnungsmarkt. Es wird allgemein angenommen, dass man zwei Arten von Segregation unterscheiden kann: Die sogenannte Segregation *de Jure*, die vom Gesetz festgelegt ist und die genannte Segregation *de facto*, die sich nur als bloße Tatsache feststellen lässt. In diesem Fall kann sie sich sogar illegal vollziehen oder durch verschiedene Zwangsmittel wie Einstellungs- oder Wohnungsdiskriminierung durchgesetzt werden. Es liegt daher auf der Hand, dass es schwer fehlt, diese auszurotten[49].

---

[48].Vgl. O. Verf. „*Segregation*", in: http://www.difu.de/publikationen/difu-berichte-12006/segregation.html. (Gelesen am 04. Februar 2011.)
[49]. Vgl. Ebd.

Im Laufe der Menschheitsgeschichte sind zahlreiche Segregationspolitiken in unterschiedlichen Gesellschaften, etwa in den USA, im Südafrika, im Dritten Reich, durchgesetzt worden. Alle diese Segregationsmodelle haben die Tatsache gemeinsam, dass sie auf eine strikte Abtrennung, Abschottung und häufig auch Ghettoisierung der kulturellen Minderheiten abzielen. In diesen Gesellschaften wird die

> Herkunft absolutiert und in Hierarchien eingeordnet. Die Grenzen ethnischer Gruppen sind undurchlässig und allein die ethnische Rangordnung entscheidet über die Verteilung der sozialen Chancen.[50]

Obwohl die wichtigsten multikulturellen Länder heutzutage auf eine starre, durch Gesetz festgelegte Segregationspolitik verzichtet haben, erlebt man dort, was man in den neuen Forschungen über das Thema „residentielle Segregation"[51] bezeichnet hat. Dieses von dem us-amerikanischen Soziologen Robert Park entwickelte Konzept der residentiellen Segregation bezeichnet den Vorgang der mehr oder weniger völligen Entmischung von Bevölkerungsgruppen durch die Entstehung von spezifischen Vierteln für die unterschiedlichen ethnischen Gruppen[52]. In den USA wird dieses Phänomen auch Hypersegregation genannt und dieses wird offenkundig, als die weiße Mehrheit schwarze Ghettos wie Harlem gegründet hatte, um die schwarze Bevölkerung zu isolieren. In anderen abendländischen Ländern erlebt man auch ein derartiges Phänomen mit den Stadtrandgebieten von großen Städten wie Paris, Berlin oder London, die am meisten von Familien mit einem Migrationshintergrund bewohnt sind. Dass ein solches Phänomen ein Hindernis für die freie Entfaltung der fraglichen Minderheit innerhalb der Gesellschaft ausmacht, bildet freilich keine Verwunderung. So wird ein breites Feld auf politische, sozio-ökonomische Spannungen eröffnet.

In Anbetracht dieser Sachlage springt es ins Auge, dass die Segregation kein angemessenes Zusammenlebensmodell der Kulturen in einer Gesellschaft mit kultureller Vielfalt ist. Deshalb gehe ich dem weiteren Modell nach.

---

[50]. **Claus LEGGEWIE**, Vom Deutschen Reich zur Bundesrepublik- und nicht zurück. Zur politischen Gestalt einer multikulturellen Gesellschaft, in: Bredella **LOTHAR/Christ HERBERT** (Hg), *Zugänge zum Fremden*, Gießen, Verlag deer Ferber'schen Universitätsbuchhandlung, 1993, S. 37-55. Hier S. 48f.
[51].Vgl. **Robert PARK**, "Residential Segregation", in: **Charles E. HURST**, *Social Inequality: Forms, Causes, and Consequences* (6th Ed.). Boston, Pearson, 2007, S.80.
[52]. Vgl. Ebd.

1.3.2 Die Integration.

Zur Integrationsdebatte melden sich zahlreiche Leute, darunter nicht nur Kultur-oder Politikwissenschaftler, sondern auch und besonders die Medien zu Wort. Es ist soweit gekommen, dass es solch ein Wirrwarr darüber entstanden ist. Denn einige sprechen von Integration und meinen damit etwas Anderes, während das Wort für die anderen eher einen leeren Kampfbegriff bezeichnet.[53]

Integration ist kein Vorgang der Durchdringung und Verschmelzung, bei dem Einzelne oder Gruppen die Traditionen, Gefühle und Einstellungen anderer Gruppen bzw. der Mehrheitsgesellschaft übernehmen und in dieser allmählich aufgehen. Jener Vorgang bezeichnet vielmehr die Assimilation und deutet auf einen Verlust des Selbst als Ergebnis einer „Aufsaugung" bzw. eines Aufgehens der Minderheit in der Mehrheitsgesellschaft.

Integration bedeutet dagegen

> die Ausbildung einer Wertegemeinsamkeit mit dem Einbezug von Gruppierungen, die zunächst oder neuerdings andere Welthaltungen vertreten, oder einer Lebens-und Arbeitsgemeinschaft mit dem Einbezug von Menschen, die aus den verschiedensten Gründen von dieser ausgeschlossen und teilweise in Sondergemeinschaften zusammengefasst waren.[54]

Im Gegensatz zur Assimilation beruht Integration auf der gegenseitigen Anerkennung und dem Respekt von Unterschieden und verlangt keine Aufgabe der kulturellen Identität der Minderheit. Darauf Bezug nehmend äußert sich der Politikwissenschaftler Dieter Oberndörfer wie folgt:

> Im Rahmen unserer Rechtsordnung des Grundgesetzes ist jede religiöse Überzeugung, jeder Glaube zulässig, solange er nicht gegen unsere Rechtsordnung verstößt, also solange nicht Dinge verlangt werden, die mit unserer Rechtsordnung nicht vereinbar sind.[55]

---

[53].Vgl. **Dieter OBERDÖRFER**, kulturelle Integration kann nicht definiert werden, In: http://www.dradio.de/dkultur/sendungen/interview/1303361/ . (Gelesen am 10. Februar 2011).
[54]. **Albert GOUAFFO**, afrikanische Migrationsliteratur und interkulturelles Lernen, In: a. a. O, S 57.
[55].Vgl. **Dieter OBERDÖRFER**, kulturelle Integration kann nicht definiert werden, In: http://www.dradio.de/dkultur/sendungen/interview/1303361/ . (Gelesen am 10. Februar 2011).

Im Allgemeinen lässt sich die Tatsache feststellen, dass Integration vier verschiedene Stufen umfasst:

-Strukturelle Integration oder Akkommodation :

Die Migranten und ihre Kinder werden als Mitglieder der Aufnahmegesellschaft anerkannt, erhalten Zugang zu gesellschaftlichen Positionen und erreichen gleichberechtigte Chancen in der Gesellschaft. Voraussetzung hierfür ist der Erwerb von sprachlichen Fähigkeiten und Kenntnissen über soziale Regeln des Zuwanderungslands.[56]

-Kulturelle Integration:

Durch die Kenntnis kulturspezifischer Normen und ihre Verinnerlichung ist eine Teilnahme am gesellschaftlichen Leben möglich. Es erfolgt zusätzlich eine Veränderung von Werten, Normen und Einstellungen der Migranten.

-Soziale Integration:

Die Aufnahmegesellschaft akzeptiert die Einwanderer im privaten Bereich. Sie lässt sie an sozialen Aktivitäten teilnehmen und billigt den freien Umgang ihrer Kinder mit denen der Migranten. Gleichzeitig akzeptieren die Migranten Mitglieder der Aufnahmegesellschaft in ihrem privaten Bereich und gestatten ihren eigenen Kindern beiderlei Geschlechts einen freien Umgang mit Altersgenossen der Aufnahmegesellschaft. Dies führt zum zunehmenden Abbau des Chauvinismus sowohl in der Aufnahmegesellschaft als auch bei den Migranten.[57]

-Identifikatorische Integration[58]:

Die Migranten und ihre Kinder entwickeln ein neues persönliches Zugehörigkeitsgefühl gegenüber der Aufnahmegesellschaft.

Aus dem oben Gesagten geht hervor, dass Integration von Menschen mit Migrationshintergrund keine Einbahnstraße ist. Sie stellt vielmehr durchaus eine

---

[56].Vgl. O.Verf. „was ist Integration?", In: http://www.migration-boell.de/web/diversity/48_1426.asp. (Gelesen am 15./12/10)
[57]. Vgl. Ebd.
[58].Vgl. Ebd.

zweipolige Anforderung dar. Zum einen an der Minderheits- und zum anderen an der Mehrheitsgesellschaft.

Bezüglich der Anforderungen an den Migranten setzt die Möglichkeit der Teilnahme am gesellschaftlichen Leben der Aufnahmegesellschaft- wie bereits erwähnt- den Erwerb von bestimmten Kenntnissen, Fähigkeiten, Einstellungen und besonders den Willen, eine weitgehende Neusozialisation und Neuorganisation der Persönlichkeit einzugehen, voraus. Zentral ist hier das Erlernen der neuen Sprache und eine gewisse Kommunikationsfähigkeit und -bereitschaft gegenüber der Aufnahmegesellschaft. Ansonsten streben die Migranten danach, sich Verkehrskreise innerhalb der eigenen Volksgruppe aufzubauen – *„Parallelgesellschaften"* - als Schutz vor sozialer Isolation.

Was die Aufnahmegesellschaft anbelangt, muss sie gegenüber Einwanderern und ihren Kindern ein Mindestmaß an Offenheit aufbringen. Soll die Integration von Menschen mit einem Migrationshintergrund gelingen, ist es erforderlich, sie an gemeinschaftlichen Gütern und Aktivitäten teilhaben zu lassen, insbesondere den Arbeitsmarkt und den Wohnungsmarkt zugänglich zu machen. Ein sicherer Arbeitsplatz verschafft ein festes Einkommen, Sozialprestige, Selbstverwirklichung und soziale Beziehungen. Unabdingbar ist zudem ein chancengleicher Zugang zu Bildungs- und Ausbildungseinrichtungen, der die Integration beschleunigt.

Eine weitere Aufgabe der Aufnahmegesellschaft besteht darin, Fremdenangst, Vorurteile, Diskriminierung und Rassismus abzubauen. Einen hohen Stellenwert der Integration von Migranten nimmt auch die Einbürgerung.

Alles zusammengenommen kann man schließlich Integration im Anschluss an Maria Vassilakou so bestimmen:

> Integriert ist man dort, wo man(...) die gemeinsame Zukunft mitgestalten kann, wo man über soziale Kontakte verfügt und in der Lage ist, die eigenen Interessen und Bedürfnisse zumindest in einem akzeptablen Ausmaß zu befriedigen. Kurz: Integriert ist man dort, wo man Chancen auf Erfolg hat.[59]

---

[59]. **Maria VASSILAKOU**, « Babel revisited »: Schattenseiten und Chancen der multikulturellen Stadt, in: **Gerfried SPERL** und **Michael STEINER** (Hg.): *Heimat Babylon. Multikulturalität heute*, Wien, 2003, S. 20-43; hier S. 32.

Zusammenfassend kann man Folgendes festhalten:

Dass die Migration ein Phänomen ist, das zu jeder Zeit nur Afrika betrifft, verneint der Blick auf die Geschichte. Auch soll im Kopf beibehalten werden, dass ohne die literarischen Gehversuche der Gastarbeiter dieses neue Literaturgenre, und zwar die Migrationsliteratur, nicht existieren könnte. In diesem Kapitel habe ich auch die Gelegenheit ergriffen, die Grundkategorien der Migrationsliteratur, nämlich Migration, Interkulturalität, Fremdheit, Segregation und Integration, zu erforschen

KAPITEL II

ANALYSE DES WERKES

KAPITEL II

ANALYSE DES WERKES

Erklärtes Ziel dieses Kapitels ist die Analyse des Werkes, **„Schwarzer sein im weißen Himmel"**. Hierfür wird die Struktur des Werkes erhaben herausgearbeitet. Eine solche Zielsetzung setzt die Tatsache voraus, dass ich mich auf die Strukturanalyse als Vorgehensweise stütze, um Grundkategorien, wie Handlung, Figurenkonstellation, Raum und Zeit ergiebig zu erforschen. Es geht auch darum, den Standort der Textsammlung zu bestimmen, d.h. das Werk in der Literatur einzuordnen.

2.1 Handlungsübersicht

Schwarzer sein im weißen Himmel ist eine Sammlung von Erzählungen, die von Erfahrungen afrikanischer Migranten in Deutschland berichten. In diesem Unterteil befleißige ich mich dazu, die Handlung jeder Erzählung darzustellen.

2.1.1 Okomje (*SSWH*: 7-50)

Die Erzählung beginnt im Sprachinstitut der kleinen Stadt Wamsbuk, wo die Lernenden, alle Ausländer, von ihren Erfahrungen in Deutschland berichten. Diese haben die Tatsache gemeinsam, dass sie Szenen auftreten lassen, die durch Fremdenhass oder Missverständnisse gekennzeichnet werden. Ungeachtet der zahlreichen Schikanen der Behörden gelingt es Okomje selbständig zu werden. Nach seinem Studium eröffnet er eine afrikanische Gaststätte. Da er sich für die Politik interessiert, tritt er einer politischen Partei bei. Zwar wird sein Eintritt anfangs mit Skepsis aufgenommen, aber schließlich wird er als Kandidat seiner Partei für die Gemeindewahlen dank seiner außergewöhnlichen persönlichen Eigenschaften aufgestellt. Er gewinnt die Wahl, wird als erster schwarzer Bürgermeister der Stadt Wamsbuk eingesetzt und er stellt den Haushaltsausgleich der Gemeinde wieder her. Dank seinem Beitrag integrieren sich die Ausländer von Mal zu Mal in Wamsbuk. Danach gewinnt er die Wahlen noch einmal. Sein zweites Mandat wird durch die Blüte der Außenpolitik gekennzeichnet. Es entstehen zahlreiche Genossenschaftswesen mit Ländern wie China, USA und mit Kitunga, einer kleinen afrikanischen Stadt. Mut,

Zielstrebigkeit, Unnachsichtigkeit, Ehrgeiz und Charisma sind also einige Eigenschaften, die es Okomje, einem Sohn aus Ghana, ermöglichen, in den Ruhestand nach seinen beiden gut ausgefüllten Mandaten zu treten. Wamsbuk wird von da an ein Mittelpunkt interkultureller Austausche.

2.1.2 Kebiyono (*SSWH:* 91-111)

Geboren in einem kleinen Dorf in Süd-Kamerun ist Kebiyono im Kreise einer kinderreichen Familie aus bescheidenen Verhältnissen aufgewachsen. Er erweist sich in seiner Jugendzeit als besonders intelligent. Gerade dies hat ihm dazu verholfen, ein Stipendium für Deutschland zu bekommen. Er fliegt nach Deutschland und landet in Berlin, einer Stadt, die ihm sofort fremd erscheint. In Reichenberg, wo er Deutschkurse im Sprachinstitut besucht, lernt er ein schönes Mädchen, aus Asien und namens Xiguna kennen. Er schwärmt sich nach und nach für dieses Mädchen. Aus Liebe für Xiguna trifft er den Entschluss, seinen Studiengang, die Elektronik, zu ändern, um sich nun der Medizin, wie Xiguna, zu widmen. Er wird aber eher in die Universität Merseburg aufgenommen, während Xiguna in einer Berliner Universität eine Stelle gefunden hat. Daher die Trennung. Er lernt danach ein deutsches Mädchen namens Elke kennen, deren Eltern eine schwarz-weiße Liebe nur misstrauisch betrachten und folglich ihre Trennung verlangen. Schließlich lernt er ein anderes deutsches Mädchen namens Tina kennen, das in Afrika geboren ist. Er wird von der Schwiegerfamilie einwandfrei akzeptiert und bald lässt er sich mit Tina trauen, ist aber am Anfang nur Nachtwächter von Beruf. Nach seiner Ausbildung erhält er eine Stelle in dem katholischen Krankenhaus als Krankenpfleger. Obwohl die Stelle ihm missfällt, setzt er fort, seine Arbeit mit Fleiß zu erledigen. Bald wird er zum leitenden Arzt befördert. Er gründet den „Afrika health", einen Verein zur Hilfe afrikanischer Länder in Deutschland.

2.1.3 Midoro, der arbeitslose Facharbeiter aus dem Kongo. *(SSWH:* 121-125)

Midoro kommt aus Kongo und arbeitet bis dahin als Handwerker in einer Textilfabrik. Er wird aber wegen der Krise entlassen. Er meldet sich dann arbeitslos beim Arbeitsamt. Dank seinen Bestrebungen bekommt er das notwendige Kapital zur Eröffnung einer Reinigungsfirma, die sich Schritt für Schritt entwickelt.

2.1.4 Mafopa, der Medizinstudent. (*SSWH*: 125-127)

Mafopa Stammt aus Kamerun und studiert Medizin in Deutschland. Bei der Geburt eines Kindes in seiner Familie lädt er seine Mutter, Mama Yosa, nach Deutschland ein, welche sich dann nur schwer in der neuen Umgebung zurechtfinden kann.

2.1.5 Babakole (*SSWH*: 131-153)

Ehe er Djamena verlässt, ist Babakole ein junger Bursche, der sich erst nach seinem zwanzigsten Lebensjahr in der Dorfschule anmeldet. „Er war der älteste seiner Klasse und wurde oft ausgelacht"(*SSW:* 135), bis er schließlich der beste Schüler der Schule wird und dann die Prüfung als einziger Schüler besteht. Er trifft danach den Entschluss, nach Berlin zu reisen. Am Anfang ist das Leben in Berlin hart. Denn er hat kein Dach über dem Kopf. Er beherrscht „die Sprache von Berlin" nicht. Er ist völlig blank. Er vegetiert. Bald wird er Straßensänger, um das alltägliche Brot verdienen zu können. Er spart Geld und kann danach sein Studium fortsetzen. Inzwischen lernt er die schöne Berlinerin Ada kennen, die Polizistin von Beruf ist und er lässt sich kurz darauf mit ihr trauen. Die Liebespärchen reisen nach Djamena und dort lässt Babakole seiner Familie von seinen Erfahrungen in Deutschland profitieren. Das Paar kehrt nach Berlin Zurück und verändert das Speiselokal in einer Art Treffpunkt bzw. Kulturzentrum für Migranten aus Djamena. Ziel ist es, Djamena eine Entwicklungshilfe zu verschaffen. In der Zwischenzeit erhält er die Ehrenbürgerschaft der Stadt Berlin als Verdienst für seine Leistung bezüglich des interkulturellen Austauschs, der durch sein Kulturzentrum ermöglicht wird.

2.1.6 Zanima, der Fussballbesessene aus Tanganjika (*SSWH*: 172-188)

Zanima, ein junger Fußballspieler aus Tanganjika, fliegt nach Deutschland im Rahmen des Entwicklungsprojekts einer deutschen Stiftung. In Deutschland befreundet er sich mit dem Pförtner der Pension, wo er untergebracht wird. Hans, der Pförtner, ein Fußballfan, stellt ihn dem Trainer des Eschbornerkickers vor, einem kleinen lokalen Verein. Am darauf folgenden Tag trainiert er mit dem Team. Trotz des Mangels an Ausrüstungen sind seine Partner von seinem Talent beeindruckt. Als aber er sich die Ausrüstung leistet und mit guten Schuhen spielt, interessiert sich sogar Munzhafen, ein Club des 1. Ligas, für ihn und möchte ihn sofort in die Mannschaft mitnehmen. Er verfügt aber über keine Papiere. Er hat keine Arbeitserlaubnis, da er eine Reisebewilligung nur als

Student bekommen hat und soll normalerweise nach seiner Ausbildung in seine Heimat zurückkehren. Nun muss er zuerst nach Afrika zurückkehren, um von dort aus ein neues Visum zu beantragen. Bömgen, der Mannschaftsleiter von Münzhafen, hilft ihm, indem er die Kosten für seine Reise übernimmt und ihm verspricht, alle Hebel in Bewegung zu setzen, damit er nach Deutschland zurückkommt, um in seinem Team zu spielen. Dies gelingt ihm. Nach zwei Jahren erhält er ein zweiwöchiges Visum für Probetraining in der Mannschaft Münzhafen und stellt sich dort so gut an, dass man ihm einen 5-jährigen Vertrag anbietet. Die Höhe seines Einkommens bleibt jedoch nicht klar genug bestimmt. Mit Gedichten schließt sich die Erzählung ab. Diese Reihe von Gedichten beschreiben erhaben die Schwierigkeiten, auf die die Migranten in Deutschland bzw. in Europa stoßen.

2.1.7 Vom Azylantenheim zum Mechaniker (*SSWH*: 188-190)

Pumassi lebt in Bamako und empfängt Briefe und Photos von ehemaligen Kommilitonen aus Hamburg, die ihm von dem schönen Leben in Europa erzählt. Er setzt sich endlich zum Ziel, auch nach Hamburg zu fliegen, um dort ein Luxusleben, wie seine Freunde, zu führen. Da das Flugticket teuer ist, trifft er die Entscheidung, ein Darlehn aufzunehmen. Er schreibt seinem Freund Akim, der schon einige Jahre in Hamburg lebt, aber bekommt keine zufriedenstellende Antwort. Daher wird ihm eindeutig, dass es auch arme Leute in Europa gibt.

2.1.8 Silo und Coulibadioro auf dem Arbeitsamt. (*SSWH*: 190-196).

Silo arbeitet seit einigen Jahren als Facharbeiter in einer Firma. Er verdient gut sein Leben und das Arbeitsklima ist einwandfrei. Aber wegen einer Verlagerung mancher Produktionsstandorte der Firma wird ihm wie vielen seiner Kollegen gekündigt. Diese organisieren einen Streik, der zur Verlängerung ihrer Arbeitsverträge um sechs Monate führte. Danach meldet er sich arbeitslos beim Arbeitsamt und setzt alles daran, um wieder an Arbeit zu kommen.

2.1.9 Binda, die schöne intelligente Lehrerin aus Dakar (*SSWH: 196-225*)

Binda, eine schöne Deutschlehrerin aus Dakar, lernt einen deutschen Touristen in einem Restaurant kennen. Die beiden verbringen eine sehr schöne Zeit zusammen, so dass

Oli, der deutsche Tourist, Binda nach Deutschland einlädt. Da ihm jedoch nur ein kurzfristiges Visum zur Verfügung steht, muss er nach Deutschland fliegen und dort auf die Ankunft Bindas warten. Trotzdem organisieren sie eine Art Brautpreisfest, wo Oli der Familie Bindas vorgestellt wird. Kurz nach seiner Ankunft in Deutschland teilt ihm Binda ihre Schwangerschaft mit. Oli bezweifelt Bindas Ehrlichkeit, denkt unmittelbar an einen Schwindel und lässt sie folglich im Stich. Binda setzt ihrerseits alles in Gang, um eine Reisebewilligung zu erhalten. Sie will unbedingt in Deutschland gebären.

Da sie um ihre Zukunft besorgt ist, geht sie zu einem Wahrsager, der ihr es ans Licht bringt, dass das erwartete Kind nicht weiß sondern schwarz ist. Es soll das Kind ihres ehemaligen afrikanischen Freundes, Moustapha, sein. Zwar wird Binda dadurch stark erschüttert aber sie verzichtet nicht auf ihre beabsichtigte Reise nach Deutschland. Sie erhält sogar ein Visum und muss sich nun unbedingt einen Gastfreund in Deutschland finden, da Oli bereits geheiratet hat.

Dank Internet lernt sie einen Maler kennen, der sich als bereit erklärt, sie bei ihm in Deutschland zu beherbergen. Gesagt getan. Hassan, der Maler, organisiert eine große Zeremonie mit dem Zweck, Bindas Ankunft zu feiern. Am darauf folgenden Tag kehrt Hassan nach einem mühseligen Arbeitstag zurück und erfreut sich darüber, dass Binda das Häuschen perfekt aufgeräumt hat. Als Binda ihm ihre Schwangerschaft mitteilt, wird seine Freude grösser, obwohl er nicht der Vater ist. Kurz danach gebärt Binda ein schönes Baby, das im Gegensatz zu der Wahrsagung nicht schwarz eher Mischling ist. Die Reaktion der Umgebung lässt auf sich nicht warten. Überall gibt es Verleumdungen, denn man glaubt, Binda hat ihren Mann betrogen. Hassan bleibt aber dies gegenüber gleichgültig. Im Gegenteil lässt er sich mit Binda in der folgenden Woche trauen.

Als Hassan und Binda zum Ausländeramt gehen, um Bindas Aufenthaltsgenehmigung zu verlängern, rät ihr die Sekretärin, das Kind als Deutscher zu Erklären, damit sie das Bleiberecht bis zur Volljährigkeit des Kindes automatisch erhält. Auch davon ausgehend zwingt das Jugendamt Oli, dem Kind Alimente monatlich zu überweisen. Die Erzählung schließt sich mit dem Vorlesen einiger Gedichte von Binda ab, die die Migrationssituation behandeln.

Summarisch behandeln diese Erzählungen die Integrationsproblematik von Migranten aus Schwarzafrika. Erwähnenswert hier ist die Tatsache, dass der Autor die Schwierigkeiten der Integration in einen neuen kulturellen Raum darstellt, ohne jedoch die Stellungnahme zu bejahen, dass die Integration von Migranten aus Schwarzafrika unmöglich ist.

2.2 Figurenkonstellation

Erstrangig ist die Zahl der im Werk handelnden Figuren auffallend. Eine erhabene Vorstellung derselben könnte erst durch ihre Aufteilung in zwei Gruppen, und zwar die der Migranten und jene der Einheimischen, erfolgen.

2.2.1 Die Migranten

Die Voraussetzungen, Formen und Folgen internationaler Migration als dauerhafter und die Grenzen von Nationalstaaten überschreitender Wohnortsänderung von Menschen lassen sich je nach dem Verhältnis der Migranten zu ihrem Herkunfts-bzw. Ankunftsland, nach ihren Hauptmigrationsgründen und dem relevanten Zeithorizont für die Migration in unterschiedliche Idealtypen aufteilen. Diese Idealtypen von Migration liegen den von Ludger Pries ausgearbeiteten vier Idealtypen von Migranten zugrunde, deren Klassifizierung tabellarisch wie folgt aussieht[60].

---

[60]. **Ludger PRIES**, Migration und Integration in Zeiten der Transnationalisierung oder warum braucht Deutschland eine Kulturrevolution? In: http://www.inccas.de/es/download/publ-2001_lp_miguintegration.pdf (Gelesen am 18. März 2011.)

36

Tabelle 1: Vier Idealtypen von Migranten

	Verhältnis Zur Herkunftsregion	Verhältnis zur Ankunftsregion	Hauptmigratio nsgründe/ Kontext	Zeithorizont für Migration
Emigrant/ Immigrant	Rückbezug/ Abschiednehmen	Integration/ Neue Heimat	Wirtschaftliche/ Sozial-kulturelle	Unbefristet/ Langfristig
Rückkehrer/ Remigrant	Dauerbezug/ Identität wahren	Differenz/ 'Gastland'	Wirtschaftliche/ politische	Befristet/Kurzf ristig
Diaspora-Migrant	Dauerbezug als „Gelobtes Land"	Differenz/ Erleidensraum	Religiöse/ Politisch/ Organisationale	Befristet
Transmi-grant	Ambivalent/ Gemengelage	Ambivalent/Ge mengelage	Wirtschaftliche/ Organisationale	Unbestimmt/ Sequentiell

Unter Bezugnahme darauf beabsichtige ich die im Werk auftretenden Typen von Migranten zu analysieren.

2.2.1.1 Die Emigranten/Immigranten

Dieser erste Migrantentyp kennzeichnet sich durch sein an Gleichgültigkeit grenzendes erloschenes Interesse an seiner Heimat. Er hat Wurzel in das Fremde geschlagen, derart, dass das Ankunftsland zur neuen Heimat wird und er trägt sich mit dem Gedanken, in diesem neuen Raum langfristig zu verweilen. Im Werk sind Okomje, Silo und Midoro entsprechende Figuren dieser Typen von Migranten.

Okomje, 55, stammt aus Ghana und wird zum Bürgermeister der Gemeinde Wamsbuk. Verheiratet ist er mit Clara, einer schönen deutschen Frau und die beiden sind Eltern eines Sohns. Nach den Wahlergebnissen hält er eine bedeutsame Rede, die seinen bewusst erklärten festen Integrationswillen widerspielt: „Ich bin ein Wamsbuker, ich möchte Wamsbuk erhellen, wie die Sonne die Erde."*(SSWH:16)* Von diesem Auszug ausgehend steht es außer Zweifel, dass Okomje Wamsbuk als seine neue Heimat betrachtet. Bald wird er sogar „Okomje, Sohn Wamsbuk" *(SSWH:16)* genannt.

Was sein Verhältnis zu seinem Herkunftsland angeht, lässt es sich deutlich feststellen, dass er an ihr nicht mehr so verbunden ist: „Ich war immer als Tourist in Afrika"(*SSWH*:61), erwidert er beispielsweise auf eine Frage Kebiyonos. Ein Tourist ist, im besten Sinne des Wortes, jemand, der ein anderes ihm fremdes Land besichtigt. Hiermit wird ersichtlich, dass Okomje sich mehr Deutscher als Afrikaner fühlt.

Darüber hinaus soll die Tatsache unterstrichen werden, dass Okomje sich persönlich für kein Entwicklungsprojekt in Ghana bzw. in Afrika eingesetzt hat. Deswegen zerstreiten sich die Migranten afrikanischer Herkunft mit ihm: „Wie viele Schulen hat er in seinem Dorf gebaut? [...] Er sollte sich mit Wamsbuker Hilfe mehr für die afrikanische Entwicklung einsetzen."*(SSWH:46)*. So lauten einige von den mit ihm in Deutschland lebenden Afrikanern formulierte Vorwürfe. Erwägenswert ist auch die Tatsache, dass die Zusammenarbeit zwischen Wamsbuk und Kitunga erst mit dem persönlichen Einsatz seines Freundes, Kebiyono, zu Stande kommen könnte.

Die weiteren Figuren, die sich in diese Kategorie einsortieren lassen, sind wie bereits unterstrichen, Silo und Midoro. Sie haben die Tatsache gemeinsam, dass nach ihrer Kündigung sie sich der in Deutschland vorhandenen Strukturen, hier des Arbeitsamts, bedienen, um sich den finanziellen Schwierigkeiten zu entziehen. Sie empfinden demgemäß keine Sehnsucht nach einer utopischen Heimat, wo man nie hätte leiden können.

2.2.1.2 Die Rückkehrer/ Remigranten

Bereits die Bezeichnung *„Rückkehrer"* weist darauf hin, dass der Rückkehrer fest an seinem Herkunftsland verbunden ist, gerade deshalb plant er, dort irgendwann zurückzukehren. Umgekehrt beabsichtigt er kaum, sich in das Ankunftsland völlig zu integrieren. Er betrachtet sie vielmehr als Gastland und beharrt auf seiner kulturellen Identität. Solche Migranten sind meistens Asylbewerber. Sie kehren dann in ihre Herkunftsländer zurück, wenn die Situation dort erst mal entspannt.

Im Werk ist die prototypische Figur dieses Typs von Migranten kein Flüchtling, sondern eine alte Dame, die bei der Geburt ihres Enkelkindes in Deutschland eingeladen wird. Mama Yosa, Mafopas Mutter, kam mitten im Winter und fühlte sich sofort unwohl (*SSWH*: 125). Die Anpassung an diesem neuen kulturellen Raum erwies sich so schwierig, dass sie durch Sehnsucht nach Heimat zerrissen wurde: „Sie beschwerte sich, dass es hier sehr kalt sei und sie ihre Sonne vermisse."(*SSWH:* 125) So berichtet der Erzähler darüber und fügt hinzu: „Jeden Tag fragte sie nach Kochbanane, oder Yamswurzeln mit Okra Sauce" (*SSWH*: 125). Diese Auszüge stehen exemplarisch als Beweise dafür, dass Mama Yosa auf ihrer kulturellen Identität beharrt und daher sich nur schwer integrieren könnte.

2.2.1.3 Der Diaspora-Migrant

Die Grenzen zwischen Herkunfts-und Ankunftsland werden von dem Diaspora-Migrant erheblich gezogen. Mit diesem Typ erlebt man eine faszinierende Verklärung der Heimat, die sich als Ergebnis der in dem Ankunftsland erfahrenen Ernüchterung herausstellt. Das Herkunftsland wird zum gelobten Land und tritt in Gedanken und Phantasie in idyllischen Farben wie Geborgenheit, Glück, Zufriedenheit, Vertrauen, Gemeinschaft, und Ursprünglichkeit auf. Dies impliziert gleichzeitig die Verurteilung des Ankunftslands. Letzteres wird von dem Diaspora-Migrant mit negativen Adjektiven wie böse, kalt, fremd, abstoßend, und einsam, geschildert. Sie erscheint als Sinnbild des Erleidens. Im Werk gilt Kebiyono als Diaspora-Migrant. Er ist Arzt von Beruf und leitet einen Verein, der das Gesundheitswesen von Kitunga bzw. Afrika unterstützt. Obwohl er schon zahlreiche Jahre in Deutschland verbracht hat, wird er immer durch große Sehnsucht nach Afrika zerrissen. Er sagt ausdrücklich:

> Das schöne Leben findet man dort, wo man die Natur genießen kann und in Einklang mit ihr lebt. Hier vermisse ich die Landschaft, die Hügel, auf denen ich meine Beine ausstrecken kann. Ich vermisse die Zwitschern der Vögel, das Rauschen des Wasserfalls und das dumpfe Schlagen der Trommeln (…). (*SSWH*: 64)

Wenn auch diese Beschreibung der verlassenen Heimat sowohl idealistisch als auch utopisch scheint, hält sich Kebiyono an diesem Bild fest, derart, dass er jedesmal nach seinen Rückreisen aus Afrika erkrankt:

> In Kitunga konnte er richtig abschalten, der Stress, die vielen Termine und der ständige Geldverkehr, die er täglich in Wamsbuk zu bewältigen hatte, gab es hier nicht. So entdeckte er

langsam eine andere Freiheit. Eine Freiheit, die es ihm als
Mensch ohne Sorge für finanzielle Zwänge ermöglichte, einfach
mal die Sonne zu genießen und Kraft für kommende Projekte zu
tanken. Jedes Mal, wenn er zurück in Wamsbuk war, fiel er in
Depressionen. (*SSWH*: 63)

Aus diesem Auszug ist die feste Anhänglichkeit Kebiyonos an sein Herkunftsland zu
erfahren. Er bezeichnet sie weiterhin als *„Muttererde"* (*SSWH*: 63) und beabsichtigt dort,
sein erstes Haus zu bauen: „Für Kebiyono war klar, man sollte zuerst ein Haus in Kamerun
bauen." (*SSWH*: 111). Damit wird gleichzeitig eine Antwort auf die Frage gegeben, ob
Kebiyono später nach Afrika zurückkehren wird.

2.2.1.4 Die Transmigranten

Das Verhältnis zwischen Herkunfts-und Ankunftsland wird hier durch die
Herausbildung von auf Dauer angelegten transnationalen Sozialräumen gestaltet. Diese
transnationalen Sozialräume sind ein hybrides Produkt aus identifikativen und
sozialstrukturellen Elementen des Herkunfts-und Ankunftslands. Der Transmigrant
befindet sich in einer oberhalb des Herkunfts-und Ankunftslands Zwischenlage und bildet
sich eine neue Identität, die hybrid ist, insofern als ihr nicht ein mehr oder weniger
geschlossenes Referenzsystem (des Herkunfts-oder Ankunftslands) zugrunde liegt, sondern
weil sie Elemente des Herkunfts-und der Ankunftslandes aufnimmt und zu etwas Eigenem
und Neuem transformiert. Während Diasporas gerade von der sozialen, zumindest aber
kulturellen Schließung gegenüber der Ankunftsregion leben, bilden sich hier neue sozial-
kulturelle Muster und Formen der Vergesellschaftung heraus, die Elemente der Ankunfts-
und der Herkunftsgesellschaft beinhalten und diesen gleichzeitig gerade durch die
Neumischung und Vermischung einen qualitativ anderen, hybriden Gehalt geben.

In erster Lesung fällt einem, dass im Werk Binda sich in diese Kategorie einordnen
lässt. Zunächst muss betont werden, dass sie Deutschlehrerin in Dakar war. Diese
Hervorhebung ist besonders triftig, in dem Masse wie sie die Öffnung der fremden Kultur
gegenüber voraussetzt. In der Tat hatte Binda dadurch die Gelegenheit, sich mit der
deutschen Kultur vertraut zu machen. Gerade dies hat ihr ermöglicht, mit Oli, dem
deutschen Touristen, eine Liebesbeziehung ohne Vorurteile zu pflegen. In einer anderen
Hinsicht lohnt es sich, zu unterstreichen, dass Binda gleichzeitig an ihrer Kultur verbunden
ist. Diese Verbindung offenbarte sich, als sie ein durch afrikanische Zügen

gekennzeichnetes Brautpreisfest organisierte, oder als sie, wie es Sitte ist, zu einem Wahrsager ging, um ihre Zukunft zu kennen. Abschließend besteht angesichts ihrer Meinung über die Erziehung von in Deutschland mit Migrationshintergrund lebenden Kindern keinen Zweifel darüber, dass Binda diese hybride Eigenschaft trägt und fördert, die für einen Transmigrant charakteristisch ist. Sie sagt ausdrücklich:

> Sie [Die Kinder] sind Teil dieser Gesellschaft und müssen sich auch so fühlen. Das Schlimmste ist, wenn sie sich wie wir als Einwanderer und als Fremde fühlen, dann sind sie in ihrer Entwicklung von vornherein gehemmt. Natürlich ist klar, dass wir ihnen auch von unserer Tradition Werte vermitteln wollen und auch sollen. [...] Kalaba wird in Afrika seine Großmutter besuchen und auch Gesängen der Griots zuhören, damit er sich früher oder selbst ein Bild von der afrikanischen Kultur macht. Ich meine damit, dass ich seine Kenntnisse über Afrika fördern werde, aber keineswegs eine Verbotsliste für sein Leben aufstellen werde. [...] *(SSWH:223)*

Auch Babakole kann als Transmigrant betrachtet werden, denn er ist mit einer Berlinerin verheiratet, was seine Öffnung den Fremden gegenüber aufweist. Daneben setzt er sich persönlich für die fruchtbare Veränderung einiger soziokultureller Praktiken von Djamena ein. Dies betrifft zum Beispiel die Verwendung von Traktoren in der Landwirtschaft an Stelle von Hacken. Er bleibt doch seiner Kultur treu, insofern als er in Berlin mit seinen Brüdern in der Heimatsprache kommuniziert. In seinem Restaurant in Berlin bietet er den Kunden Speisen aus Djamena an (*SSWH*:161).

Summarisch kennzeichnen sich diese beiden Transmigranten durch eine ständige ambivalente Schwankung zwischen der eigenen und der fremden Kultur.

2.2.2 Die Einheimischen

Die Untersuchung der Rolle der Einheimischen im Werk stützt sich auf zwei entgegengesetzte Haltungen gegenüber der Migranten. Daraus ergeben sich zwei Gruppen von Einheimischen.

2.2.2.1 Die ausländerfeindlichen Einheimischen

Im werk treten wenige Figuren auf, die sich durch eine rassistische Verhaltensweise kennzeichnen lassen. Diese Feststellung bedeutet aber auf keinen Fall, dass alle

Einheimischen Ausländer reibungslos empfangen. Vielmehr gibt es bald hierin bald dorthin Ausländerfeinde, die jedoch nicht als eigenständige Figuren erscheinen aber sich in verschiedene Gruppen beinhalten lassen.

In erster Linie kann man hier die Rechtsradikalen von Wamsbuk in Betracht ziehen, die gewalttätige Maßnahmen verwenden, um Okomje während der Wahlkampagne einzuschüchtern:

> Okomjes Plakate [waren] häufig zerrissen oder mit Farbe
> besprüht worden [...] Was sie vergaßen, war, dass Wamsbuk
> auch eine rechte Szene hatte. Denen konnte man eher so etwas
> zutrauen, da sie generell ausländerfeindlich eingestellt waren.
> (*SSWH*: 15)

Diese Passage macht die Tatsache sichtbar, dass die Rechtsradikalen Bürger ausländischer Herkunft verhindern wollen, ihre politischen Rechte zu genießen.

In derselben Hinsicht wird auch Zanima Opfer rassistischer Beurteilungen. Die Anhänger der Gegenmannschaft vergleichen nämlich Zanima mit einem Gorilla aus dem Dschungel (*SSWH*: 183). Solche ausländerfeindlichen ausgerichteten Benehmen erscheinen freilich als Hindernisse für die freie Entfaltung des Migranten, der sie als eine Herabwürdigung seines Selbst empfindet: „Für ihn [Zanima] waren solche Momente eine Tragödie über seine Herkunft oder einfach eine Missachtung seines menschlichen Daseins." (*SSWH:* 183) So kommentiert zum Beispiel der Erzähler die Reaktion Zanimas auf die auf ihn gerichteten rassistischen Gesten.

2.2.2.2 Die ausländerfreundlichen Einheimischen.

Die meisten Erzählungen des Werkes könnten als Sagas gelten, insofern als der größte Teil der aus Afrika stammenden und in Deutschland als Migranten lebenden Figuren sich sozial-politisch und wirtschaftlich verwirklicht haben. In der Tat ist Okomje Bürgermeister; Kebiyono ist ein berühmter Arzt; Babakole ist Gastwirt und Zanima ein wunderbarer Fußballspieler. Es liegt auf der Hand, dass solche Leistungen ohne die mehr oder weniger freiwillige Öffnung bzw. Akzeptanz der Einheimischen nicht hätten erreicht werden können. Die Einheimischen erweisen sich nämlich als unentbehrliche Agenten der Integration von Ausländern auf Deutschem Boden. Sie treten in vielfältigen Gewändern auf.

Einige sind Freunde wie Hans, der Pförtner, der Zanima dazu hilft, seinen Traum, Profi zu werden, zu verwirklichen (*SSWH*: 173); oder wie Bömgen, der Vorstand des Fußballvereins, der alles in Gang setzt, damit Zanima eine neue Aufenthaltsgenehmigung erhält (*SSWH*: 178); oder auch wie der Nachbar von Silo, der ihn nach seiner Entlassung aus der Firma tröstet (*SSWH*: 192). Er sagt nämlich:

> Herr Silo nicht weinen, Sie werden wieder was finden. Ich verstehe, es war ihr erster Job. Das ist wie mit einer Freundin. Es läuft mal gut und dann kommt der Kummer. Aber Sie sind noch jung, so werden Sie leichter wieder neue Arbeit bekommen. *(SSWH:* 191)

Auch die Leistung des Pfarrers, der Babakole bei der Vorbereitung der Prüfung in Berlin hilft, ist in diesem Zusammenhang in Erinnerung zu rufen. Dem Pfarrer nach sind die Fremden „genauso Menschen und sie haben das Recht auf Bildung, Gesundheit, und! Und! Und!"(*SSWH:145);* Letztendlich kommen hier auch Frau Jahna, die Beraterin im Arbeitsamt, die Midoro bei der Arbeitssuche ermutigt (*SSWH*: 121), und Die Beamtin des Ausländeramts, die Binda zur Erhaltung einer 18-jährigen Aufenthaltsgenehmigung hilft (*SSWH*: 219), in Betracht.

Diese ausländerfreundlichen Einheimischen sind aber auch Ehepartner wie Clara, die das politische Engagement ihres Mannes, Okomje, unterstützt (*SSWH*: 41), oder Tina, die sich Sorge um die Karriere ihres Mannes macht. Sie rät Kebiyono, eine minderwertige Stelle in dem Katholischen Krankenhaus anzunehmen, um etwa Berufspraxis zu bekommen, obwohl die Stelle ihm nicht gefällt. (*SSWH*: 108); schließlich Ada, Babakoles Ehefrau, die ihm in der Gaststätte hilft. (SSWH: 134).

2.3 Raumdarstellung

Für die Untersuchung der Raumdarstellung in der Migrationsliteratur wäre es angebracht, sich den von Simo entwickelten Kategorien zu bedienen. Es handelt sich um den wahrgenommenen, den vorgestellten und den erlebten Raum.

2.3.1 Der wahrgenommene Raum

> Der wahrgenommene Raum besteht aus konkreten räumlich gegebenen Gegenständen, die empirisch feststellbar sind. Diese Gegenstände sind soziale Produkte, Ergebnisse der menschlichen Tätigkeit. [...] Er [der wahrgenommene Raum] bestimmt somit Möglichkeiten aber auch Grenzen für die Verwirklichung von Wünschen und Träumen.[61]

Davon ausgehend kann man zwei entgegengesetzte wahrgenommene Räume im Werk unterscheiden.

2.3.1.1. Afrika, der materiell unterentwickelte Kontinent.

Auf die Frage, wie Afrika im Werk materiell geschildert wird, kann man anhand von drei beredsamen Beispielen antworten und zwar:

-„Es gab [in Djamena] keine Infrastruktur und alles erinnerte an ein Getto: ohne Wasser und ohne elektrisches Licht." (SSWH:137).

-„Die Straßen [von Kitunga] sind schwer befahrbar " (SSWH: 66).

- „Uns fehlt noch an Schulen, Straßen und Wasser." (SSWH: 72).

Hiermit wird deutlich, dass Afrika als materiell unterentwickelt dargestellt wird. Diese Unterentwicklung offenbart sich nämlich durch Mängel an angemessenen technisch-industrialisierten Ausstattungen, und an modernen Verkehrsverbindungen. Daneben zählt man auch ein schlecht gestaltetes Gesundheits-und Erziehungssystem. Eine derartige Schilderung Afrikas legt Zeugnis davon ab, dass Afrika materiell rückständig geblieben ist. Die folgende Äußerung Axel Kabous ist in diesem Zusammenhang von ausschlaggebender

---

[61] . **David SIMO**, Migration, Imagination und Literatur, a. a. O. S. 21

Bedeutung. Bereits in den 1990er Jahren vertrat sie die Ansicht, dass Afrika zurückgeht. Sie sagt ausdrücklich: „l'Afrique regresse chaque jour "[62]. Außerdem liegt es auf der Hand, dass die in Afrika herrschenden Lebensverhältnisse Hindernisse für die völlige Entfaltung des Einzelnen sind. Zur Bekräftigung dieser Aussage greife ich auf die Geschichte Babakoles zurück. In der Tat musste Babakole sehr früh seinen Eltern im Feld helfen. Deshalb könnte er die Dorfschule erst mit zwanzig besuchen. (Vgl. *SSWH*: 135).

Materielle Armut und Not sind einige Krebsschaden, die Träume und Wünsche von jungen Afrikanern zerstören und die Zukunft finster erscheinen lassen. Somit wird der Eindruck bestärkt, dass es unmöglich ist, sich selbst in Afrika zu verwirklichen. Eine gleichartige Schlussfolgerung hat Zanima gezogen: „Von Anfang an träumte er von einer Profikarriere. Und um Profi zu werden, musste man zuerst den Sprung nach Europa schaffen". (*SSWH*: 172). Dieser Auszug hebt die Tatsache hervor, dass die Auswanderung nach Abendland als der (einzige) Ausweg unter den Jungendlichen erscheint. Die materielle Unterentwicklung Afrikas wird zum Push-Faktor der Migration.

2.3.1.2 Europa, der materiell entwickelte Kontinent.

Es reicht aus, einen Blick auf die Darstellung Europas im Werk zu werfen, um festzustellen, dass dieser Kontinent als materiell entwickelt geschildert wird.

Europa verfügt nämlich über gute, moderne ausgestattete Infrastrukturen. Zur Bekräftigung dieser Aussage greife ich auf die von dem Erzähler geschilderte deutsche Stadt Wamsbuk zurück. Diese kleine Stadt wird mit vielen Firmen, einem Stadium (*SSWH*: 18), einem Park von etwa zehn Hektar (*SSWH*: 25), einem modernen Krankenhaus, einer 3-spurigen Schnellstraße (*SSWH*: 54) und sogar einem Flughafen (*SSWH*.59) ausgerüstet. Dass das Vorhanden solcher Strukturen in einer Stadt zur Verbesserung der Lebensverhältnisse von Stadtbewohnern maßgeblich beiträgt, springt ins Auge.

Von nicht unterschätzender Bedeutung erweist sich auch das moderne, gut strukturierte Gesundheitssystem. In der Tat arbeitet Kebiyono als Arzt in einem katholischen Krankenhaus und ist Vorsitzender des „Africa Health", eines Vereins, der

---

[62] . **Axelle KABOU**, *Et si L'Afrique refusait le Développement ?* Paris, Éditions L'Harmattan, 1991, S.43.

sich zum Ziel setzt, Afrika mit medizinischen Ausrüstungen zu versorgen. Es lässt sich folglich mit Sicherheit ausmachen, dass Wamsbuk nicht nur wohlhabend ist, sondern auch sich bereit erklärt, das Gesundheitssystem von Afrika zu unterstützen.

Weiterhin scheint es auch sinnvoll, die Tatsache zu unterstreichen, dass Europa genauer Deutschland über ein gutes Erziehungssystem verfügt, insofern als die meisten Afrikaner es beabsichtigen, ihre Ausbildung dort fortzusetzen: Okomje studiert Agrarwissenschaft, Kebiyono und Mafopa Medizinwissenschaft. Auch die Lust nach fester guter Erziehung liegt Babakoles Auswanderung nach Deutschland zugrunde.

In einer weiteren Hinsicht lohnt es sich hier das heilsame Sozialsicherungssystem in Betracht zu ziehen, in dem Masse wie Arbeitslose insbesondere diejenigen, etwa Midoro und Silo, die gerade noch entlassen werden, sich bei dem Arbeitsamt arbeitslos melden können, um Unterstützung zu erhalten.

Hiermit wird eindeutig, dass die Scheinwohlstandlage von Europa eine Anziehungskraft über Afrikaner ausübt. Sie wird zum Pull-Faktor der Migration. Eine solche Ansicht fasst der Erzähler zusammen:

> Die Stadt Berlin erwies sich als schon sehr entwickelt und wohlhabend. Sie verfügt über eine gute Infrastruktur und Schulbildung, so dass Jugendliche aus ‚Nachbardörfern' dort einen Zufluchtsort gefunden habe*n. (SSWH:131).*

2.3.2 Der vorgestellte Raum

„Der vorgestellte Raum ist der kognitiv oder intellektuell erarbeitete Raum [...] er wird in Zeichen und Symbolen ausgedrückt, die sozial strukturiert sind. [...]." Bei der Herausbildung dieses Raums geht es

> um die Erfüllung des wahrgenommenen Raums mit Sinn, also um seine Integration in ein Narrativ, in eine Erzählung, wodurch der Raum ethisch, politisch oder ideologisch besetzt wird. Er wird zum Ort der Projektion von Wünschen, von Genealogien, von Hoffnungen oder auch von Ängsten und von Ressentiments.

Der Raum wird zur Heimat, zum Vaterland oder auch zur Fremde[…].[63]

Die tiefgreifende Erforschung des Werks lässt zwei nach der Perspektive von Migranten erarbeiteten vorgestellten Räumen erscheinen: Afrika, die Heimat und Europa, das Fremde.

2.3.2.1 Afrika, die Heimat, die Welt der Solidarität

Dass Afrika im Werk als Raum der Solidarität erscheint, bildet keineswegs eine Überraschung. Es kann eher als einen in literarischen sowie geschichtlich kulturanthropologischen Berichten wiederkehrenden Gemeinplatz gedeutet werden. Es lässt sich freilich die Frage stellen, ob es jemanden gibt, der nie von der oft erwähnten sagenhaften afrikanischen Solidarität gehört hat, wonach alle Schwarzen Brüder und Schwester wären und in einer großen solidarischen Gemeinschaft leben würden.

Die im Werk handelnden Migranten aus Afrika halten an diesem vorgestellten Afrikasbild fest. So berichtet der Erzähler:

> Langsam spürte Kebiyono, dass hier sehr viel anders wird, als daheim in Kamerun. Da er aus einem Dorf kam, war er es gewohnt, dass die Menschen solidarisch zueinander waren *(SSWH: 93)*.

Die Solidarität, wovon hier gesprochen wird, kommt zum Vorschein bei gegenseitiger Hilfe zur Bewältigung alltäglicher Schwierigkeiten und kann natürlich die der grundlegenden Bedürfnisse umfassen.

Eine derartige solidarische Verhaltensweise bringt der Erzähler zum Ausdruck anhand Babakoles Geschichte. In der Tat als Babakole bei seinem Opa in Djamena ankam, um das Ergebnis seiner Prüfung mitzuteilen, bot ihm der Opa zuerst was zu essen an, obwohl Babakoles Besuch unerwartet war: „Mein Enkelkind", so der Opa, „geht zum Topf und holt dir den Rest Schweinebraten mit Kochbanane. Zu trinken gibt es hier in meiner Nähe

---

[63] . **David SIMO**, Migration, Imagination und Literatur, a. a. O. S. 21

47

einen kühlen Palmwein." *(SSWH: 137)*. Dieser Auszug macht die Bereitschaft der Afrikaner sichtbar, nach Möglichkeit irgendwem Unterkunft und Verpflegung zu verschaffen. Dass man in Afrika verhungert oder verdurstet, wäre kaum denkbar. Denn wer Hunger hat, der geht in Afrika „einfach zu Familienangehörigen, auch unangemeldet, um zu essen."*(SSWH:94)* In einer gleichartigen Hinsicht äußert sich Njoh Mouelle wie folgt:

> A Douala, Abidjan ou Lagos, on a toujours un cousin ‚bien situé‘ chez qui on prend ses repas et se repose la nuit. La famille africaine n'est pas encore morte, ni le sens de la solidarité qui unit ses membres émoussé. [64]

Dies bezüglich wird es offensichtlich, dass die Solidarität einen festen Referenzrahmen bildet, auf den sich Afrikaner zumindest kognitiv beziehen. Die fragliche Solidarität tritt in einer weiteren Hinsicht als ein Herdentrieb, dank dessen sich Afrikaner niemals einsam fühlen. Eine solche Ansicht kann man vertreten, wenn man die Geschichte Bindas liest.

Binda organisierte ein Brautpreisfest, als sie ihrer Familie ihren Bräutigam vorstellen wollte. Der Berichterstatter hebt die Tatsache hervor, dass viele Bewohner der Dorfgemeinde an diesem Fest teilnehmen wollten. Dies lässt an Reiner Rumohrs Beschreibung der Eheschließungsmodalitäten in Kamerun erinnern, wenn er schreibt:

> Die Ehe ist wenig eine Angelegenheit zweier Personen. Diese mögen zwar im Mittelpunkt stehen, aber es ist, als ob die Faden woanders gezogen würden. Entscheidend für den guten Verlauf der Heirat ist, dass sie dem Willen beider Familien entspricht. Dafür braucht man alle Familienmitglieder als Zeugen.[65]

Der Begriff „Familie" trägt in Afrika einen umfassenden Sinn. So gesehen sind die Verwandten anwesend bei allen wichtigsten Ereignissen des Lebens, etwa Geburt, Heirat, Reise und Tod.

[64] . **Ebenzer NJOH MOUELLE**, *De la médiocrité à l'excellence. Essai sur la signification humaine du développement*, Yaoundé, Edition CLE, 1998, S.28.
[65] . **Reiner RUMOHR**, *Ganz nah die Ferne rückt. Begegnung mit Kulturen Kameruns.* Frankfurt am Main 2003, S.195.

2.3.2.2 Europa, die Fremde, die Welt des Individualismus

„Ihr solltet lernen selbständig zu werden, hier gibt es keine Solidarität." (*SSWH*: 93) Mit diesem Worten erfahren Kebiyono und seine Kommilitonen schonungslos den Bruck zwischen den in Afrika und den in Europa herrschenden Lebensverhältnissen. Die Neuankömmlinge haben sich nämlich bei einem Vorübergehenden über den Weg nach ihrer Unterkunft erkundigen müssen. Er gab ihnen zu verstehen, dass solche Dienste sich auszahlen. Unter Bezugnahme darauf wird ersichtlich, dass die in Europa als Migranten lebenden Afrikaner Deutsche als individualistisch eingestellt betrachten. Durch Rückgriff auf die kapitalistische ökonomische Ordnung, die in Abendland herrscht, kann man eine solche Verhaltensweise klären. In der Tat fordert der flexible Kapitalismus eine ständige, immer mehr rasante Anpassung an Gesetzen des freien Markts. Die zunehmenden Veränderungen der Märkte versetzen die Leute unter großem Druck. Man erlebt eine Art Zeitrevolution, die zur augenblicklichen Erledigung von Tätigkeiten zwingt. Der Einzelne im Abendland muss sich stets schneller bewegen. Eine solche Tatsache stellt Babakole fest. Als er in Berlin neu ankam, wollte er jedesmal alle Menschen auf der Straße grüßen. „Leider waren die Leute es nicht gewohnt, mit Fremden zu sprechen. Daher wurde er oft beschimpft."*(SSWH:140)*. Hiermit wird deutlich, dass Europäer durch Hektik angetrieben werden, so dass sie keine Zeit mehr haben, auf Begrüßungen zu antworten.

Im Roman „*Die Weissagung der Ahnen"* von dem Kameruner Daniel MEPIN kommt auch eine gleichartige Schilderung der Deutschen zum Ausdruck. Der Romanheld, Taga, hält nämlich die Deutschen für individualistisch eingestellt. Diesbezüglich schreibt er an seinem Vater: „Niemand kümmert sich um das Geschäft anderer Leute rundumher. Sie [die Deutschen-M.E.J] haben keine Zeit, still zu stehen und eine Begrüßung zu beantworten"[66]. So gesehen stellt Taga fest, dass jeder in Deutschland für sich selbst lebt. Die Solidarität bzw. das gemeinschaftliche Leben ist dem Deutschen etwas ganz Unbekanntes und Fremdes.

In einer weiteren Hinsicht lohnt es sich, hervorzuheben, dass die durch die Gesetze des freien Markts verursachte rasende Beschleunigung der Lebensverhältnisse zur

---

[66]. **Daniel MEPIN**, *Die Weissagung der Ahnen*, Unkel/Rhein, Horlemann Verlag, 1997, S. 107

Erkältung der zwischenmenschlichen Beziehungen führt. Deswegen kommt es öfter vor, dass Leute, besonders alte Leute, vernachlässigt werden und sich einsam fühlen:

> Hier gibt es viele einsame Menschen, die Niemand [sic!] zu kommunizieren haben. Sie besitzen Computer mit Internetanschluss zum Surfen und Fernseher mit Dauerberieselung. Jedoch bleibt das Gespräch von Angesicht zu Angesicht kümmerlich auf der Strecke. Ich hatte schon mal einen Job hier, wo ich nur die ganze Zeit eine alte Dame unterhalten sollte. Sie suchte jemanden, der ihr das Lachen wiederbeibringt und zahlte dafür gutes Geld. (*SSWH*: 208),

so äußert sich beispielsweise ein Freund Bindas.

In derselben Hinsicht tauchen die Altersheime als Verkörperung individualistischer Verhaltensweise von Europäern auf. Demgegenüber reagieren Afrikaner immer überrascht: „Was ist das, ein Altersheim?", das fragt Babakoles Vater ganz erstaunt. Er fährt fort:

> Ich kann es mir nicht vorstellen, es heißt die Alten leben dort unter sich in einem Lager oder so. So etwas gibt es hier in Djamena nicht. Die Alten leben zusammen mit ihren Kindern oder Enkelkindern. Die passen auf die Alten auf. Wozu hätte man denn dann Kinder in die Welt gesetzt, wenn sie sich später nicht um einen kümmern können. Ich denke, wenn ich bei euch in Berlin ankomme, werde ich bei meinem Enkelkind wohnen. Es braucht meine Wärme und Weisheit, verstehst du? *(SSWH:170)*

Halte ich mich nur an dieser Stelle an, wäre die Analyse des Werkes unzulänglich. Das kommt daher, dass die den verschiedenen Räumen untergestellten Eigenschaften kognitiv erarbeitet sind. Zwar beruhen sie auf Tatsachen, aber sie bleiben verallgemeinert. Was die sogenannte, oft erwähnte afrikanische Solidarität betrifft, wird sie durch die häufig in Afrika herrschenden Völkermorde, Bürger-und Stammeskriege in Frage gestellt. In derselben Hinsicht erkennen, z.B die Freunde von Binda die Tatsache, dass man einige individualistisch eingestellte Afrikaner in Deutschland treffen kann. Umgekehrt treten auch einige solidarische europäische Figuren im Werk auf. Das Beispiel Bömges, des Leiters der Mannschaft Münzhafen, ist in diesem Zusammenhang ausdrucksvoll. Er setzt alles in Gang, damit Zanima in seinem Team spielt und daher seinen Traum verwirklicht. (Vgl. SSWH: 180).

2.3.3 Der Erlebte Raum

> Der erlebte Raum besteht in realen und räumlichen Praktiken. Er
> ist der Ort der unmittelbaren Erfahrungen und Erlebnisse. Darin
> bewegen sich Menschen im Alltag, organisieren ihr Leben,
> basteln neue Möglichkeiten, erfinden Auswege, handeln neue
> Grundlagen des Zusammenlebens aus.[67]

Der erlebte Raum bezeichnet also den Raum, den Menschen bewohnen. Hier wir das
Ziel verfolgt, auf die Frage zu antworten, ob die Räume, wo die Migranten aus Afrika
leben, das Miteinanderleben von Fremden und Einheimischen ermöglichen.

Ich möchte voranstellen, dass die meisten Ankunftsräume den Migranten anfangs
nicht offen stehen. Das liegt daran, dass die Neuankömmlinge in neuen Räumen landen,
deren Sitten und Gebräuche ihnen zuerst unbekannt sind. Zudem lohnt es sich, zu
unterstreichen, dass auch die Einheimischen den Neuankömmlingen gegenüber anfänglich
argwöhnisch stehen. Dieses Mistrauen beruht auf der Tatsache, dass die Einheimischen
nicht an der Anwesenheit der Fremden in ihrem als eigen betrachteten Raum gewohnt sind.
Sie empfinden daher eine latente Bedrohung:

> In dieser Zeit wirkten ausländische Studenten in dieser
> geschlossenen Region öfter wie eine Bedrohung. Der Kontakt zu
> Einheimischen wurde überwacht und war unerwünscht.
> (SSWH: 7),

so schildert beispielsweise der Erzähler die allgemeine Stimmung, die am Anfang in
Wamsbuk herrscht. Dieser Auszug enthält den Beweis dafür, dass die Gemeinde
Wamsbuk, wie auch andere Gaststädte, etwa Reichenberg, Frankfurt, Merseburg und
Berlin, anfangs zwar durch kulturelle Vielfalt gekennzeichnet waren, aber dort blieben die
verschiedenen Gruppen voneinander getrennt. Spezifisch für diesen Modus der
Fremdwahrnehmung ist, wie bereits erwähnt, die Möglichkeit der Überwindung der
Fremdheit des Fremden. Durch Hinweise darauf kann man auf die Dauer eine immer mehr
wachsende wechselseitige Öffnung der beiden Gruppen zueinander bemerken. Eine solche
langsame Öffnung entspricht der Ansicht Simos, wonach der erlebte Raum „ein Raum im

---

[67]. **David SIMO**, Migration, Imagination und Literatur, a. a. O. S. 22

Werden, ein Raum des Experimentierens, der Veränderung, der Hybridisierung, des Übergangs"[68] ist.

Was den besonderen Fall der Gemeinde Wamsbuk anbelangt, wird sie schrittweise ein Mittelpunkt interkultureller Austausche dank dem mühseligen Einsatz des neuen Bürgermeisters afrikanischer Herkunft, Okomje. (*SSWH*: 41).

In Wamsbuk begegnet man Menschen unterschiedlicher Herkunft, etwa Afrikanern, Lateinamerikanern, Chinesen und Einheimischen, die miteinander langsam mehr oder weniger harmonisch leben. Dazu kommt noch die Zusammenarbeit zwischen Wamsbuk, Bamako, Florida und Peking. Außerdem lässt es sich auch mit Sicherheit ausmachen, dass Wamsbuk sich als eine interkulturelle Stadt erweist, insofern als die Bürger sich für einen Bürgermeister mit Migrationshintergrund entschieden haben und von da an begann sich die afrikanische Kunst in dieser Stadt frei zu entfalten: „Als Jbieson (ein Migrant aus Afrika) sein Kunstwerk fertig hatte, stellte er es vor dem Rathaus aus. Viele Menschen kamen um es zu besichtigen." *(SSWH: 20)*.

Die anderen Ankunftsstädte kennzeichnen sich auch durch einen derart Kosmopolitismus. In der Tat arbeiten Ausländer und Einheimische zusammen in Merseburg, wo Midoro, der Facharbeiter, lebt; In Frankfurt wird Zanima dank seiner wunderbaren Begabung in die Mannschaft Münzhafen mitgenommen (177). In Reichenberg, wo Kebiyono studierte, gab es zahlreiche Ausländer. Es wird eindeutig, dass diese erwähnten deutschen Städte eine gewisse Akzeptanz der Fremden gegenüber an den Tag legen, ansonsten könnten sich die Fremden nicht so entfalten.

Der Kosmopolitismus, wovon hier gesprochen wird, beruht auf der Evidenz des vielfältigen Verkehrs und zahlreichen Austauschprozessen zwischen den verschiedenen kulturellen Gruppen. Ferner besteht keinen Zweifel darüber, dass in dieser globalisierten Welt eine allseitige Abhängigkeit der Kulturen voneinander an die Stelle der alten lokalen Selbstgenügsamkeit und Abgeschlossenheit getreten ist. Schließlich lädt der Blick auf die gegenwärtige Menschheitsgeschichte ein, sich der immer mehr werdenden Unmöglichkeit der nationalen Einseitigkeit und Beschränktheit bewusst zu werden.

---

[68]. Ebd.

2.4 Die Zeit

Wer sich mit der Zeitproblematik in einem Werk der Migrationsliteratur auseinandersetzt, der muss den Zeithorizont für die Migration darlegen. Die Kenntnis über denselben ist unentbehrlich, in dem Maße wie sie das sozio-ökonomische und politische Befinden des Migranten im Ausland bestimmt. Gegen die Ansicht, wonach das Leben des Migranten durch die Aufenthaltsdauer beeinflusst wird, lässt sich nichts Stichhaltiges einwenden. In der Migrationssituation entscheidet nämlich die Zeit über die Art und Weise, wie die Lebensverhältnisse aussehen.

Mit der Annahme, dass einem nur eine 3-wöchige Aufenthaltsgenehmigung zur Verfügung steht, dann wird es kaum möglich, dass man sich völlig in den neuen kulturellen Raum integriert. Die Zeit erhebt sich also zugleich zur Macht und Ohnmacht, zur Hoffnung aber auch zur Frustration. Die handelnden Figuren ausländischer Herkunft des Werkes sind der ausschlaggebenden Bedeutung der Zeit bewusst. Während einigen ein unbefristetes oder langfristiges Bleiberecht zur Verfügung steht, müssen die anderen alltäglich um die Verlängerung ihrer Aufenthaltsgenehmigung kämpfen.

Zu der ersten erwähnten Gruppe gehören Figuren wie Okomje, Kebiyono, Midoro, Babakole, Silo, Coulibadioro und Hassan. Zwar wird die Dauer ihres Aufenthalts im Werk nicht explizit gegeben, aber aus der tiefgreifenden Erforschung ihrer verschiedenen Geschichten geht hervor, dass sie zweifelsohne über eine unbefristete oder langfristige Aufenthaltsgenehmigung verfügen. Okomje und Kebiyono beispielsweise betreiben hoch begehrte Gewerbe. Unter Bezugnahme darauf kann man behaupten, dass ihnen ein langfristiges oder unbefristetes Bleiberecht zur Verfügung steht. Kann man sich wirklich es einbilden, dass einem Bürgermeister erst ein 4-oder 9-wöchiges Bleiberecht zur Verfügung steht? In derselben Hinsicht wird kaum denkbar, dass jemand ohne eine langfristige Aufenthaltsgenehmigung die Krankenhausleitung überträgt. Die anderen bereits erwähnten Figuren sind auch arbeitstätig und verfügen sicherlich über eine langfristige Aufenthaltsgenehmigung.

Auf dem anderen Pol der Skala befinden sich Figuren wie Zanima und Binda. Zanima muss für seinen Teil nämlich nach seinem Herkunftsland zurückkehren, um von dort aus ein neues Visum zu beantragen, da er nur ein Visum als Student hat. Dazu kommt noch, dass das Auslandsamt die Verlängerung seiner Aufenthaltsgenehmigung verweigert. Erst nach seiner zweiten Reise aus Afrika kann er sich dem Fußball widmen. Seine Aufenthaltsgenehmigung wird aber nur für fünf Jahre bestimmt. Danach wird er um eine Verlängerung bitten. Eine gleichartige Situation erlebt Binda. Bei ihrer Ankunft in Deutschland steht ihr erst eine Aufenthaltsgenehmigung für drei Monate zur Verfügung. Sie hat sich bemühen müssen, um ein 18-jähriges Bleiberecht zu erhalten und dies gelingt ihr nur, weil sie Mutter eines deutschen Kindes ist. Denn ohne dasselbe musste sie zuerst nach Dakar zurückkehren, um von dort aus ein neues Visum zu beantragen.

Unter Bezugnahme auf die oben Herausgestellten kommt die Wichtigkeit der Zeitproblematik in der Migrationssituation zum Ausdruck.

Zusammenfassend halten wir fest:

Aus der Strukturanalyse des Werkes geht erstens hervor, dass sich das Werk in unterschiedlichen Erzählungen zerlegen lässt, die alle von der Migrationserfahrung afrikanischer Figuren berichten. Zweitens, dass je nach der Perspektive vielfältige Räume im Werk geschildert werden (wahrgenommenen, vorgestellten, erlebten Raum). Drittens dass das Werk einem ermöglicht, die heutzutage in den neuen Forschungen erdachten Typen von Migranten sowie die verschiedenen Gruppen von Einheimischen (ausländerfeindliche oder ausländerfreundliche Einheimische) darzustellen. Viertens, dass die Zeit in der Migrationssituation eine wichtige Rolle spielt. Sie entscheidet eindeutig, aber nicht allein, über die Integrationschancen der Migranten. Unter Bezugnahme auf diese Strukturanalyse kann ich also behaupten, dass sich das Werk in der Migrationsliteratur einordnen lässt.

KAPITEL III

INTEGRATION UND MIGRATIONSSITUATION

KAPITEL III

INTEGRATION UND MIGRATIONSSITUATION

Den Fragen, auf welche Schwierigkeiten die Migranten afrikanischer Herkunft in Europa stoßen und inwieweit die Bewältigung derselben und daher eine gelungene Integration in die Ankunftsgesellschaft möglich sind, widmet sich dieses Kapitel.

3.1 Integrationshemmende Faktoren

Zur Erforschung der integrationshemmenden Faktoren wird der Blick auf politische, wirtschaftliche und soziokulturelle Ebenen geworfen.

3.1.1 Politisch-administrative Grenzen

Hier wird der Akzent auf die institutionelle Diskriminierung besonders gelegt.

3.1.1.1 Institutionelle Diskriminierung

Zu aller erst möchte ich sagen, dass die illegalen Migranten geringere Integrationschancen haben: „Ohne die Papiere könne man hier nicht mal ein bescheidenes Leben führen" *(SSWH: 205)*, erkennen selbst die Freunde Bindas.

Sind die Integrationsschwierigkeiten von illegalen Migranten selbstverständlich, muss es aber unterstrichen werden, dass auch die legalen Migranten auf politisch-administrative Integrationshürden stoßen. Die häufigste hiervon ist die institutionelle Diskriminierung.

Als Institutionelle Diskriminierung werden in der politischen Theorie gesellschaftliche Phänomene bezeichnet, denen zugleich diskriminierender und institutioneller Charakter zugeschrieben wird. Sie wird verstanden als Ergebnis von organisatorischem Handeln in einem Netzwerk gesellschaftlicher Institutionen. Der potentielle Ort institutioneller Diskriminierung wird in den formalen Rechten, den organisatorischen Strukturen, Programmen und Routinen von Institutionen ausgemacht.[69]

Beachtenswert an dieser Bestimmung ist die Tatsache, dass institutioneller Diskriminierung ein ganz legaler Status anerkannt werden kann. Dies erweist sich besonders triftig in diesem Zeitalter, in dem die Debatte um die Nationalidentität in Europa an Virulenz gewonnen hat. Es lässt sich der Eindruck vermitteln, dass die meisten abendländischen Länder den Anspruch auf ihre christliche Identität erheben. Von der Schweiz bis Italien sind Beispiele benachteiligter verabschiedeter Gesetze gegenüber ethnisch-kultureller Minderheiten Legion. Was kann man eigentlich von dem Verbot des „voile integral" in Frankreich oder von der Schließung von Minaretten in der Schweiz halten? Gegen den Gesichtspunkt, wonach damit ein nicht unerheblicher Bevölkerungsteil ausländischer Herkunft diskriminiert wird, gibt es, meines Erachtens, kein stichhaltiges Argument. Außerdem ist die Verletzung der Bekenntnisfreiheit durch solche Gesetze offenkundig. Im Anschluss daran ist die folgende Äußerung von Jean-Marie Lepen einleuchtend. Er sagt ausdrücklich:

> Plus des deux-tiers des immigrés qui entrent en France actuellement viennent de pays musulmans. L'islam […] n'est pas facilement comparable avec nos mœurs et nos lois. Il y a péril pour l'identité française, la paix civile et la souveraineté nationale.[70]

Neben diesen viel mediatisierten Beispielen machen auch die Gesetze über Aufenthaltserlaubnis ein Integrationsproblem aus. Dadurch werden Deutsche bzw. Europäer und Ausländer ganz legal unterschiedlich behandelt. In derselben Hinsicht lohnt es sich die Erschwerung der Migrationspolitiken in dem EU- Raum zu unterstreichen. Im Grunde genommen werden dort allmählich die automatische Regelung aufgehoben[71], der Familienzusammenschluss[72] sowie die Mischehe[73] beträchtlich erschwert. Um nur diese

---

[69] .Vgl. **Mechtild GOMOLLA/Frank-Olaf RADTKE**, *Institutionelle Diskriminierung. Die Herstellung ethnischer Differenz in der Schule*, Opladen, Leske + Budrich, 2002. S. 30

[70]. Vgl. « Les discours de Jean-marie Lepen et d'Adolph Hitler », in : http//www. tperacisme-France.com/lepen1.htm. (Gelesen am 03./04/11)

[71] . Vgl. **Claire PLANCHARD** „La loi Sarkozy: ce qui va changer. La fin de la régulation automatique", in: http://www.linternaute.com/actualite/savoir/06/immigration-europe/loi-sarkozy.shtml . (Gelesen am 12./04/11)

[72] .Vgl. **Claire PLANCHARD** „La loi Sarkozy: ce qui va changer. Le regroupement familial plus difficile", In: Ebd.

Beispiele zu nennen. Diese Vorschriften, die von den um die Menschenrechte kämpfenden Vereinen scharf kritisiert werden, tragen zur Vernachlässigung von Bürgern ausländischer Herkunft bei, die sich demzufolge als Bürger zweiten Rangs fühlen. Die meisten Migranten müssen beispielsweise ständig um die Verlängerung ihrer Aufenthaltsgenehmigung kämpfen. Im Werk hat sich bereits herausgestellt, wie einige Figuren, etwa Binda und Zanima, alles in Gang setzen, um in Deutschland legal bleiben zu dürfen.

Dennoch wird institutionelle Diskriminierung nicht immer durch Gesetz festgelegt. Sie erfolgt meist illegal, stützt sich auf Vorurteile und Stereotypen und findet in meisten Institutionen, etwa im Bildungs- und Ausbildungssektor, dem Arbeitsmarkt, der Wohnungs- und Stadtentwicklungspolitik, dem Gesundheitswesen und der Polizei statt. Olivier Noël[74] hat diese Form von Diskriminierung auf dem Arbeitsmarkt untersucht und aus seiner Untersuchung ergibt sich, dass zahlreiche Arbeitsangebote diskriminierenden Charakter aufweisen. Sie geben klar zu verstehen, dass sie nur einheimische Arbeiter einstellen. Dies macht die Tatsache ersichtlich, dass auf dem Arbeitsmarkt Menschen wegen ethnischer Zugehörigkeit benachteiligt werden: „Alleine durch den ausländischen Namen [blieben] einem vielen Türen verschlossen." *(SSWH: 13)*.

Letztlich möchte ich meine Analyse mit dem sogenannten durch die Polizei häufig begehenden „*délit de facies* "[75] enden. In der Tat haben die Berichterstattungen von den meisten Medien das klischeehafte Bild des im Stadtrandgebiet lebenden jungen Schwarzen als archetypische Figur des Straffälligeren vermittelt, dergestalt, dass jeder junge Schwarzer der Kriminalität verdächtig ist. Im Werk kommt auch dieser „*délit de facies* " zum Ausdruck, wenn die Polizei bei Binda hineintritt und sie mit einer Drogenverkauferin verwechselt:

> Aber ihr werdet doch nicht alle Afrikaner hier als Drogendealer abstempeln. Wo sind wir hier? Ihr kommt hier rein und bringt

---

[73] .Vgl. **Claire PLANCHARD** „La loi Sarkozy: ce qui va changer. Un encadrement plus strict des mariages mixtes", In: Ebd.
[74] .**Olivier NOËL**: « la face cachée de l'intégration, les discriminations institutionnelles à l'embauche. », In : http//www. linternaute.com/actualité/ integration-en-france-discrimintions-inst.noël.htm. (Gelesen am 03./05/11)
[75] . Ebd.

alles durcheinander, weil wir Schwarz sind. *Warum geht ihr nicht woanders suchen? (SSWH:224).*

Dadurch muss sie sich energisch gegen diesen Missbrauch verteidigen.

In einer weiteren Hinsicht drückt sich dieser Missbrauch meist durch Verfolgung von Menschen ausländischem Aussehen auf der Straße aus. Zur Bekräftigung dessen greife ich auf diese von Zanima geschriebenen Verse:

> *Überall grüßt man mich:*
>
> *Guten Tag!*
>
> *Ihre Aufenthaltsgenehmigung.* [Meine Hervorhebung] (*SSWH: 185).*

Aus diesem Auszug ist die Schwierigkeit zu erfahren, auf die die Migranten afrikanischer Herkunft ständig auf der Straße stoßen. Gesetzt den Fall, dass der fragliche Migrant über keine Papiere verfügt, ist dann die Abschiebung desselben durch die Polizei öfters menschenunwürdig:

> Ein guter Bekannter Namens Asiwe wurde mitten in der Nacht von ein paar Polizisten abgefangen und hatte nicht mal Zeit, seine Schuhe anzuziehen. Er landete barfuß in der Heimat und alle rannten auf dem Flughafen in Cotonou vor ihm weg, als sei er verrückt geworden. (SSWH: 178),

erinnert sich beispielsweise Zanima, wenn seine Aufenthaltsgenehmigung zu Ende geht.

Neben politisch-administrative Schwierigkeiten gibt es auch wirtschaftliche Grenzen, die die Integration von Migranten erschweren.

3.1.2 Wirtschaftliche Grenzen

Die Untersuchung der wirtschaftlichen Grenzen der Integration von Migranten afrikanischer Herkunft in Europa wird den Akzent auf Arbeitslosigkeit legen.

3.1.2.1 Arbeitslosigkeit

Wer sich mit der Integrationsproblematik in der Migrationssituation auseinandersetzt, der gerät unbedingt zu der Erkenntnis, dass Arbeitslosigkeit die soziale Integration von Menschen mit Migrationshintergrund erlahmt. Gegen diese Ansicht lässt sich nichts Überzeugendes einwenden. Es besteht nämlich keinen Zweifel darüber, dass die Führung eines menschenwürdigen Lebens von der Sicherung der Lebensgrundlagen äußerst abhängt. Denn Arbeitslosigkeit verursacht Obdachlosigkeit. Durch Obdachlosigkeit wird der Einzelne am Rande der Gesellschaft bzw. der Vergesellschaftung geworfen. Durch die Geschichte Babakoles kommt diese Integrationshürde zum Ausdruck:

> Eine Woche war vergangen und Babakole war immer noch ohne Unterkunft. Er pendelte von Ecke zu Ecke und nahm kein Bad. Er bettelte die ganze Zeit, um ein Stück Brot und eine Flasche Milch kaufen zu können. Das Leben war für ihn hier sehr schwer (...) Er lief in die Baustellen und fragte nach einer Stelle als Bauhelfer. Überall erteilte man ihm eine Absage. *(SSWH:140-141)*

Von diesem Auszug ausgehend springt es ins Auge, dass Geldmangel die soziale Integration maßgeblich erschwert. Die Migranten und, besonders die illegalen Migranten, sind meistens in diesem Teufelskreis (Arbeitslosigkeit, Armut, Obdachlosigkeit) verstrickt, der öfters in Gewalt –Diebstahl und Morde- mündet. Arbeitslosigkeit ist heutzutage besonders grösser, da Europa zurzeit ökonomische Schwierigkeiten erlebt.

Neben bloßer Arbeitslosigkeit zählt man auch bei Migranten die sogenannte verkleidete Arbeitslosigkeit. Sie beschreibt die Tatsache, dass Menschen Berufe ausüben, die ihnen kaum ermöglichen, sich das Existenzminimum zu verschaffen. Überdies fehlen diese Berufe an Prestige und sie werden meistens von Einheimischen vernachlässigt, da sie anstrengend oder dreckig sind. Maria Angela Villalba spricht in diesem Zusammenhang von „*emplois 3D –dégoutants, dangereux et difficiles* "[76]. In der Tat sind die meisten, sei es legale oder illegale Migranten, öfters Putzfrauen, Keller oder Müllwerker und sie werden häufig, und nicht nur bei Schwarzarbeit, von Arbeitsgebern ausgebeutet.

Im Werk lässt sich auch diese Tatsache feststellen. In der ersten Erzählung ist Bitongo Toilettenreiniger (SSWH: 27). In der letzen Erzählung muss Binda die Tatsache erkennen, dass sie in Deutschland nicht Deutschlehrerin sein kann. Dies erfährt sie von ihren Freunden: „sei erst mal froh, wenn du als Reinigungskraft in einem Hotel putzen darfst. Es ist nicht so in der Realität als, wie Europa in Filmen oft dargestellt wird". *(SSWH: 209)*.

Sogar Zanima, der ein guter Fußballspieler ist, wird von der Mannschaft Münzhafen ausgenutzt:

> Zanima ist Afrikaner. Er bekommt vom Verein nicht den Superverdienst. Er muss erstmal dankbar sein, dass er überhaupt mitspielen darf. [...] Dann kommen sie noch mit dem Schiff hierher, und da sie Fußball spielen können, werden sie in der Liga zu Dumpingpreisen eingesetzt. [...] Das sei doch eine Beleidigung. *(SSWH: 182)*.

So äußert sich beispielsweise ein Zuschauer.

Bis dahin habe ich mich dazu bemüht, die Integrationsschwierigkeiten auf politische und wirtschaftliche Ebenen gründlich zu erforschen. Jetzt wird mein ganzes Streben darauf gerichtet sein, den soziokulturellen Grenzen der Integration von Afrikanern in Europa nachzugehen.

3.1.3 Soziokulturelle Grenzen

In diesem Unterteil wird darauf hingezielt, den Einfluss der Heimat auf den Migrant und die Wirkung der Ausländerfeindlichkeit auf die Integration von Migranten in Europa darzustellen.

---

[76]. **Maria Angela VILLALBA**, Education des adultes : perspectives internationales de la migration et de l'intégration. Défis et opportunités, In : **Heribert HINZEN** (Hg) : *Education des Adultes et développement*. a. a. O, S 54.

3.1.3.1 Einfluss der Heimat auf den Migrant

Einleitend habe ich darauf hingewiesen, dass Europa eine Anziehungskraft auf die Afrikaner ausübt. Dieses Europamythos wurzelt in der Vorstellung, wonach abendländische Länder paradiesisch wären. Im Herkunftsland erweist sich manchmal die sozio-wirtschaftliche Lage so gespannt, derart, dass dort Leute am Rande des Existenzminimums leben. Gleichzeitig werden sie von den Heimkehrern stark beeindruckt, die in der Heimat wohlhabend leben und ihnen von einem paradiesischen Dasein in Europa erzählen. Daher entsteht der Eindruck, als wäre Geld in Europa auf der Straße aufzuheben. In Afrika ist Europa nach wie vor Sinnbild für Überfluss und prall gefüllte Warenhäuser, ein Selbstbedienungsladen. Der Traum vom schnellen Reichtum ist an Abendland geknüpft. Angesichts der geringeren Aussichten, in der Heimat Arbeit zu finden, angesichts der Unmöglichkeit, menschenwürdig wohnen und leben zu können, ja die Existenzgrundlagen zu sichern, angesichts des von den Heimkehrern vermittelnden faszinierenden Europabilds treffen die in Afrika ansässigen Leute die Entscheidung, nach Europa zu migrieren und daher ihrer in der Heimat hoffnungslosen Situation zu entfliehen.

Doch die Erfahrung der Migration erweist sich manchmal enttäuschend. Die Wirklichkeit in der Bundesrepublik hat mit ihren Träumen und Hoffnungen nichts gemein. Zu diesem Schluss geraten die Ankommenden sofort. Soziokulturell stößt der Migrant auf viele Schwierigkeiten, die seine Integration erschweren.

Zunächst muss er sich den klimatischen Veränderungen anpassen:

> Die ersten Wochen nach der Ankunft aus Afrika in Deutschland waren sehr kühl. Es war eine große Umstellung für Okomje und die anderen, die hier angekommen waren. Sie waren an Temperaturen zwischen 30 und 40 Grad Celsius gewöhnt. *(SSWH:7),*

so schildert der Erzähler die Anpassungsschwierigkeiten, auf die die neu Ankömmlinge, hier Okomje und seine Freunde, stoßen. Und die Angleichung an diese neuen Witterungsverhältnisse erweist sich meistens umso schwerer, in dem Maße wie die Migranten, wovon hier gesprochen wird, aus Afrika, einer sonnigen Gegend stammen. Eine gelungene Anpassung an diesem neuen Klima setzt die Umwandlung mancher soziokultureller Gewohnheiten voraus. Darüber ist die Feststellung Zanimas ausdrucksvoll:

Mir war nur die Hitze bekannt,

auf einmal sollte ich lernen,

mit dem Winter umzugehen.

Ich sollte nunmehr lernen,

Stiefel, Handschuhe und eine dicke Jacke zu tragen.*(SSWH:183)*

Neben diesen klimatischen Differenzen machen dann die in dem Ankunftsland üblichen Essgewohnheiten ein Anpassungsproblem aus. Zur Erklärung dessen lohnt es sich auf die Geschichte Mama Yossas zu besinnen. Als sie in Deutschland ankam, fragte sie ständig nach „Kochbanane, oder Yamswurzeln mit Okra Sauce." (*SSWH*: 125), einigen Speisen aus Kamerun.

Der Veränderung der Essgewohnheiten fügt sich die mangelhafte sprachliche Ausdrucksfähigkeit hinzu, die maßgeblich über die Integrationsmöglichkeit und – unmöglichkeit entscheidet: „Ohne Sprachkenntnisse hatte man nicht die geringste Chance, sich in ein fremdes Land zu integrieren" *(SSWH: 37)*, erkennt Okmje. Auch Babakole besinnt sich auf die Bedeutung der Sprache in der Migrationssituation. Bei seiner Ankunft in Berlin war ihm die dort gesprochene Sprache fremd und er musste sie rasch erlernen, um überleben zu können. *(Vgl. SSWH: 141)*

Letztendlich erweist sich der Unterschied bezüglich vorgestellter kulturspezifischer Werten von entscheidender Bedeutung. Wie bereits erwähnt, stammen die Migranten aus Afrika, einer Gegend, wo Menschen solidarisch zueinander sind. Sie landen in Europa, der Welt des Individualismus, wo sie sich nur schwer zurechtfinden können. Daher ist der Kulturschock unvermeidlich: „Ihr solltet lernen selbständig zu werden, hier gibt es keine Solidarität." (*SSWH*: 93) So erfährt Kebiyono schonungslos den Unterschied zwischen den in Europa und denjenigen in Afrika herrschenden Verhältnissen bei seiner Ankunft in Deutschland.[77] So gesehen erlebt der Migrant große Frustration, Enttäuschung, und Ernüchterung, die ihn in tiefgreifende Isolationslage bzw. Einsamkeit versenken. Dies kommt in der Geschichte Babakoles zum Vorschein:

---

[77] . Vgl. Die vorliegende Arbeit S. 48.

Das Leben war für ihn hier sehr schwer. In Djamena hatte er
noch etwas zu essen. Er konnte immer sehr schnell etwas auf
dem Feld holen und dann gleich im Topf warm machen. [...]
Aber wieso war es anders in Berlin. Fragte er sich. Alles musste
gekauft werden. Man bekam nichts geschenkt. Auch Wasser war
nicht umsonst. Wer nichts hatte, musste verdursten. (...)
Babakole war traurig. (*SSWH*: 141)

Die Erfahrung, in der Bundesrepublik keine neue Heimat zu finden, führt zur
Rückbesinnung auf die alte. Die Rückbesinnung auf die verlassene Heimat fungiert als
Mittel zur Überwindung des aus der Migrationssituation entstandenen Identitätsvakuums
und der Einsamkeitslage, wo sich der Migrant befindet. Die folgende Aussage Ananissohs
bringt diese Auffassung ans Licht:

L'exil vous éloigne de vos origines mais développe en vous la
conscience que vous en avez. Il vous vient donc souvent le
besoin de vous référer à un endroit du monde qui est vôtre, à
vous aussi. [78]

Aus Sehnsucht nach der Heimat entsteht, wie bereits erwähnt, ein trügerisches
idyllisches im Kopf von Migranten erarbeitetes Heimatsbild, das mit Eigenschaften wie
Geborgenheit, Glück, Zufriedenheit, Vertrauen, Gemeinschaft und Ursprünglichkeit
gemalt wird: „Das Leben in Kitunga war eigentlich schön"*(63)*, erinnert sich
beispielsweise Kebiyono. Er deutet weiter darauf hin, dass er jedes Mal bei seinen
Aufenthalten in Kitunga eine neue Freiheit entdeckt, die ihm in Deutschland wegen
ständiger Hektik fehlt (vgl. SSWH: 63). Der bösen, kalten, fremden und abstoßenden, von
Migranten erfahrenen Bundesrepublik setzen sie die „gute", beschützende Heimat
entgegen und sie können so in einer Welt überleben, die sie als feindlich erfahren.

---

[78]. **Théo ANANISSOH**, *Lisahohé*, Paris, Collection Continents noirs, 2005, S. 23

3.1.3.2 Ausländerfeindlichkeit

Die Gelehrten des frühen 17. Jahrhunderts streiten darüber, ob die Wilden Afrikas überhaupt zu Gottes Ebenbildern zählen. Ende des Jahrhunderts setzt sich die Erkenntnis durch, dass auch ‚Neger' ein menschliches Geschöpf ist. Dies ändert nichts an seiner Unterwerfung und Versklavung.[79]

Mit dieser Aussage Hohmanns will ich an die Ausländerfeindlichkeitsproblematik herangehen. Kennzeichnend ist die Tatsache, dass die Verweigerung grundlegender Bürgerrechte für Teile der Bevölkerung, vor allem für rassische, ethnische und religiöse Minderheiten, und deren oft gewaltsame Unterdrückung aus allen Zeiten der Geschichte überliefert wird und in vielen Teilen der Welt noch heute zum Alltag gehört. Zwar wird damit suggeriert, dass Fremdenhass kein typischer deutscher Bazillus ist, aber diese Relativierung kann die Praktik nicht rechtfertigen. Viele Jahre nach Ende der Naziregierung erlebt man noch in Deutschland ausländerfeindlich rassistisch geprägte Benehmensweisen, die auf einem vorwiegend durch Medien vermittelten klischeehaften Afrikabild beruhen. Nämlich haben die Medien die in der Kolonialzeit skizzierte Afrikaanschauung als *„dunkler Erdteil"*[80] übernommen, sie verarbeitet und unter einem neuen Gewand erscheinen gelassen. Aus der Sicht mancher europäischer Medien ist Afrika das Tal der Armut. Idrissa Keita bringt diese Tatsache zur Sprache:

In Deutschland und in vielen Ländern kommen

die Nachrichten um zwanzig Uhr.

Für mich wird diese Zeit immer unerträglicher.

Bilder der Grausamkeit.

Hungernde Menschen.

Kriege.

Gewalt.

---

[79] **.Joachim HOHMMAN**, *Schon auf den ersten Blick. Lesebuch zur Geschichte unserer Feindbilder*, Darmstadt-Neuwied, 1981, S. 67.
[80] „Sie [die Europäer-M.E.J] nannten den afrikanischen Kontinent lange den „dunklen Erdteil". Dunkel wohl nicht nur wegen der Hautfarbe seiner Bewohner, sondern vor allem, weil er unzugänglich und unwirtlich erschien, man sich nicht vorstellen konnte, dass Menschen sich dort aufhielten, es gar in ihm aushielten" **Reiner RUMOHR**, *Ganz nah die Ferne rückt*, a. a. O, S.36.

Machtkampf.

Warum das?

frag mich nicht![81]

Aus dieser Aussage Keitas ist zu erfahren dass, Afrika nur auf dieses Bild der Armut reduziert wird. Damit wird der Eindruck vermittelt, dass alle in Europa lebenden Afrikaner hilfsbedürftig sind und Europa nur aussaugen wollen.

Dieses Bild des Fremden als Bedrohung und Überschwemmung bzw. Überfremdung wird zur Wahlparole der immer mehr an Bedeutung gewinnenden Parteien der Rechtslinke. Hier erscheint Fremdenhass als „Projektion"[82]. Diese Projektion ermöglicht vielen, Verunsicherung, Ohnmacht und Schwäche zu kompensieren. Schuldige werden gesucht, denen die Ursachen gesellschaftlicher Bedrohung, von Arbeitslosigkeit oder Zukunftsangst, angelastet werden. Unzählige benötigen die Projektion eigener Ängste zur Selbststabilisierung.

Daher offenbart sich Fremdenhass auf der Straße, in der Kneippe, also in vielen öffentlichen Orten durch offene oder versteckte Beleidigungen. Diese Tatsache kommt etwa in Zanimas Gedicht zum Vorschein: „Manchmal meine Ohren weit öffnen./ um solche Schreie wie „Ausländer raus" hören zu können." *(SSWH: 184).* Bisweilen stützen sie Fremdenfeinde auf eine *„arretierte, fixierte Form der Repräsentation"*[83] von Afrikanern, die ein Überlegenheitskomplex verrät und den Afrikanern jegliche menschliche Züge abspricht. Zur Veranschaulichung dessen greife ich noch einmal auf Zanimas Geschichte zurück:

> Nun waren manchmal die Kommentare der Zuschauer bitter, wenn sie anfingen, Zanima mit einem Gorilla aus dem Dschungel zu vergleichen. Oder sie belegten ihn mit Buhrufen, wenn er in die Nähe des gegnerischen Tors kam, um ihn nervös zu machen. Solche Gesten waren frustrierend und verletzend für Zanima. (183)

---

[81] .**Idrissa KEITA**, *Wenn der Wind bläst (Gedichte)*, Unkel-Rhein/ Bad Honnef, 1994, S. 54.
[82] . **Horst HAMM**, *Fremdgegangen-freigeschrieben.*, a. a. O, S. 119.
[83] . **Homi BHABHA**, *Die Verortung der Kultur* .a. a. O., S 111.

Ob diese diskriminierende Praktik nur den Pöbel betrifft, verneint Chima Oji mit seinem Buch betitelt: *„Unter die Deutschen gefallen"[84]*, welches ein Abbild seines deutschen Alltags liefert. Er stellt die Tatsache fest, dass Rassismus und Fremdenhass, nicht nur auf der Straße und in den Kneipen, sondern auch an den Universitäten der Elitegesellschaften zu erfahren ist.

Fremdenhass, Diskriminierung verursachen dann Abgrenzung gegenüber Fremden und derer Marginalisierung. Wohnungen werden ihnen abgelehnt, wie es der Erzähler zur Sprache bringt: „Auf privaten Wohnungsmarkt gab es freie Zimmer und Wohnungen, aber als farbiger konnte man nicht so einfach eines bekommen. *" (SSWH: 100)*

Die Liebesbeziehungen zwischen Einheimischen und Fremden werden stark bemäkelt. In diesem Zusammenhang drückt sich der Erzähler wie folgt: „Auf der Straße liefen Elke und Kebiyono in Hand und man konnte die Leute oft rufen hören: ‚Neger und Asylanten raus'"*(SSWH:104)*. Und manchmal sind die Fremden sogar durch Skinheads totgeschlagen. Ihnen bleibt also nur die Herausbildung *„Paralleler Gesellschaften"* in Ausländersgettos als Lösung ihrer sozialen Marginalisierung.

So gesehen liegt es auf der Hand, dass Fremdenhass eine Integrationshürde ist.

Summarisch ist festzuhalten, dass die Migranten in Europa auf viele Integrationsschwierigkeiten stoßen. Diese Schwierigkeiten betreffen nämlich die soziokulturelle, die wirtschaftliche und die politisch-administrative Ebenen.

Halte ich mich nur an dieser Stelle an, wäre doch meine Erforschung unzulänglich. Die Annahme liegt nahe, dass dadurch der Eindruck vermittelt wird, dass die Integration von Migranten in Europa unmöglich ist. Man muss allerdings gestehen, dass es im Werk sowie im Alltagsleben viele Beispiele gelungener Integrationen gibt. In Anbetracht dieser Sachlage ist es lohnenswert, den Integrationsfördernden Faktoren nachzugehen. Dieser Fragestellung widmet sich der nächte Unterteil.

---

[84].**Chima OJI**, *Unter die Deutschen gefallen. Erfahrungen eines Afrikaners*, Wuppertal, Peter Hammer Verlag, 1992.

3.2 Integrationsfördernde Faktoren.

In diesem Unterteil stelle ich mir die Aufgabe, die Faktoren zu ergründen, die einer gelungenen Integration zugrunde liegen. Hierfür berücksichtige ich wiederum die politisch-administrativen, wirtschaftlichen, und soziokulturellen Ebenen.

3.2.1 Politisch-administrative Faktoren

Wer nach einer gelungenen Integration im Ankunftsland strebt, der soll unbedingt über vorschriftsmäßige Papiere verfügen. Am 30. Juli 2004 hat der Bundestag ein neues Zuwanderungsgesetz verkündet, das am 1. Januar 2005 in kraft getreten ist und dessen Eckpunkte ich hier darstellen möchte.[85]

Das fragliche Zuwanderungsgesetz enthält eine komplette Novellierung des Ausländerrechts, das –so wurde immer kritisiert- selbst von Rechtsanwälten nicht mehr zu durchschauen war. Statt fünf Aufenthaltstiteln gibt es jetzt nur noch zwei: eine – befristete – Aufenthaltserlaubnis und eine –unbefristete- Niederlassungserlaubnis. Ein neues Bundesamt für Migration und Flüchtlinge wird auch geschaffen. Die Aufenthaltserlaubnis wird auf längstens drei Jahre erteilt. Nach drei Jahren kann eine unbefristete Niederlassungserlaubnis erteilt werden, wenn der Ausländer die geplante Tätigkeit erfolgreich verwirklicht hat und der Lebensunterhalt gesichert ist.

Ausländische Studenten dürfen nach ihrem erfolgreichen Studienabschluss zur Arbeitssuche bis zu einem Jahr in Deutschland bleiben. Für Qualifizierte bestehen Ausnahmeregelungen: Im begründeten Einzelfall kann eine Arbeitserlaubnis erteilt werden, wenn ein öffentliches Interesse an einer Beschäftigung besteht. Bei allen Regelungen haben Deutsche und im Inland Beschäftigte Vorrang vor neuen Zuwanderern.[86]

Im Werk verfügen die meisten Figuren über vorschriftsmäßige Papiere. Kebiyono beispielsweise ist Stipendiat und nach seinem Studium hat er eine Stelle in dem

[85] . Vgl. O. Verf.„Neue Regelungen zum Bleiberecht", in: http//www.Bundesausländerbeauftragte.de. (Gelesen am 21./04/11).
[86]. **Karl-Heinz MEIER-BRAUN**, „Der lange Weg ins Einwanderungsland Deutschland", in: *Der Bürger im Staat*, 56. Jahrgang, Heft 4. , 2006, S.90.

katholischen Krankenhaus erhalten. Dies hat ihm verholfen, in Deutschland zu bleiben. *(vgl. SSWH: 110).*

Wie bereits angedeutet erhöht auch die Einbürgerung die Integrationschancen der Migranten.

Die Einbürgerung bezeichnet die Verleihung der Staatsbürgerschaft. Es gibt zwei Prinzipien, die die Verleihung der Staatbürgerschaft regieren.

Das Abstammungsprinzip[87] orientiert sich an den Eltern. Wer als Kind deutscher Eltern geboren wird, erhält automatisch die deutsche Staatbürgerschaft. Dies ist auch dann der Fall, wenn nur ein Elternteil Deutscher bzw. Deutsche ist. In vielen Fällen besitzt dieses Kind dann Mehrstaatigkeit, da die Staatsangehörigkeitsregeln des ausländischen Elternteils ebenfalls zum Tragen kommen. Auf die deutsche Staatsangehörigkeit des Kindes hat dies keinen Einfluss und es darf ein Leben lang im Besitz mehrerer Staatsangehörigkeiten sein. Sind die Eltern allerdings nicht verheiratet und ist nur der Vater im Besitz der deutschen Staatsbürgerschaft, muss die Vaterschaft vor Vollendung des 23. Lebensjahres des Kindes gesetzlich festgestellt werden. Dies entspricht dem Fall von Kalaba, Bindas Sohn, der die deutsche Staatangehörigkeit erhält, weil sein leiblicher Vater Deutscher ist. *(Vgl. SSWH: 220)*

Seit dem Jahr 2000 gilt in Deutschland das Geburtsortprinzip[88]. Dies bedeutet, dass auch ein in Deutschland geborenes Kind dann automatisch in den Besitz der deutschen Staatsbürgerschaft kommen kann, wenn die Eltern in Deutschland lebende AusländerInnen sind. Das Geburtsortprinzip ist allerdings an Voraussetzungen gebunden. So muss sich mindestens ein Elternteil beim Zeitpunkt der Geburt des Kindes seit wenigstens acht Jahren rechtmäßig und gewöhnlich in Deutschland aufhalten und entweder im Besitz einer unbefristeten Aufenthaltsgenehmigung sein oder über eine Aufenthaltsgenehmigung auf Grundlage des Freizügigkeitsabkommens zwischen der EU und der Schweiz verfügen. Sind diese Voraussetzungen erfüllt, erhält das Kind bei der Geburt automatisch die deutsche Staatsbürgerschaft. Sehr häufig erwirbt das Kind bei seiner Geburt auch eine oder

---

[87] . Vgl. „Neue Regelungen zum Bleiberecht", in: http//www.Bundesausländerbeauftragte.de. (Gelesen am 21./04/11).
[88] . Ebd.

mehrere Staatsbürgerschaften der Eltern. Ist dies der Fall, muss sich das Kind mit dem 18. Lebensjahr entscheiden, ob es die deutsche oder die ausländische Staatsbürgerschaft annimmt. Eine Mehrstaatigkeit ist hier nur in Ausnahmefällen möglich.

Ist man nicht mit der Geburt Deutsche oder Deutscher, haben Personen einen Anspruch auf die deutsche Staatsangehörigkeit, wenn sie die folgenden Voraussetzungen erfüllen. Sie verfügen über ein unbefristetes Aufenthaltsrecht in Deutschland; Sie leben seit mindestens acht Jahren gewöhnlich und rechtmäßig in Deutschland; Sie sichern für sich und ihre Familienangehörige ohne Sozialhilfe und Arbeitslosengeld den Lebensunterhalt; Sie verfügen über ausreichende Deutschkenntnisse; Sie haben Einbürgerungstest über die deutsche Rechts-und Gesellschaftsordnung bestanden. Sie sind nicht wegen einer Straftat verurteilt; Sie bekennen sich zum deutschen Grundgesetz. Sie haben ihre alte Staatsangehörigkeit verloren oder Sie geben sie auf.[89]

Im Werk hat Okomje, die deutsche Staatsangehörigkeit erhalten, die seine Integration in Deutschland erleichtert hat. (Vgl. SSWH: 13).

Bei der oben dargestellten Untersuchung ist die Wichtigkeit von vorschriftsmäßigen Papieren für die Integration von Migranten zum Vorschein gekommen. Im nächsten Unterteil befleißige ich mich, die wirtschaftlichen Faktoren der Integration zu erforschen.

3.2.2 Wirtschaftlicher Faktor.

Für die Integration vom Menschen mit Migrationshintergrund in Europa spielt Arbeit eine bedeutende Rolle.

3.2.2.1 Arbeit

Die Migranten aus dem Süden gehören meist der Mittlerstufe ihrer Heimatländer an. Sie verfügen über eine schulische Ausbildung und können sich die Reise nach einem Industrieland leisten, wo sie fähig sind, sich bessere Lebensverhältnisse zu verschaffen. Solch ein Ehrgeiz beruht auf einem richtigen Chancenvergleich zwischen ihren Heimatländern und den Ankunftsländern. Falls diese Leute nicht im Zuge der

---

[89]. Ebd

Arbeitsmigration nach Deutschland bzw. Europa geflogen sind, müssen sie dort ein langes entmutigendes Verfahrensrecht einleiten, um ein Bleiberecht und eine Arbeitserlaubnis zu erhalten. Falls dies ihnen gelingt, sollten sie unbedingt Zugang zu einer guten Erziehung haben, die ihnen ermöglichen könnte, ihre Ausbildung fortzusetzen, ja sie zu vertiefen. Sprachkurse, Integrationskurse und professionelle Ausbildungen sind unentbehrlich für eine gelungene Integration in Ankunftsländer. In diesem Zusammenhang kommt das Beispiel von Kebiyono in Betracht. Bei seiner Ankunft in Deutschland besucht er zuerst eine Sprachschule und dann lässt er sich als Arzt an der Universität Merseburg ausbilden. Gerade diese gute Ausbildung hat ihm dazu verholfen, eine gute Stelle als leitender Arzt in dem katholischen Krankenhaus zu erhalten und sich in Deutschland zu integrieren (Vgl. *SSWH: 105, 110*).

Alles in allem geht aus der obigen angeführten Analyse die Ansicht hervor, dass, wie bereits erwähnt, ein sicherer Arbeitsplatz ein festes Einkommen, Sozialprestige, Selbstverwirklichung und soziale Beziehungen   verschafft und dann die Integration beschleunigt.

In einer weiteren Hinsicht scheint es angebracht, die Tatsache zu unterstreichen, dass auf der wirtschaftlichen Ebene sich die Migration als ein großes ökonomisches Potential nicht nur für die Herkunftsländer, sondern auch für die Ankunftsländer erweist. Im Bereich der Entwicklungspolitik ist die Migration bis dahin verurteilt worden. Dies liegt daran, dass aus der Abreise von qualifizierten Leuten ein Mangel an qualifiziertem Personal entstehen kann. was man auch Brain-Drain[90] nennt. Dass der Brain-Drain dem Wachstum eines Entwicklungslands schädlich ist, weiß jeder. Ohne dieses wichtige Problem zu verdecken bzw. zu leugnen, muss heute das große Potential von Migranten erkannt werden. Sie tragen beträchtlich zur Entwicklung ihrer Herkunftsländer bei.

Das Allererste hier ist die Geldüberweisung. In der Tat stellt der Geldtransfer nach dem Herkunftsland einen notwendigen Entwicklungsbeitrag dar. Im Jahre 2006 überschreitet die Summe der Geldüberweisung drei Milliarden Dollar, wovon 11% nach

---

[90] .**Hans-Drietrich LEHMANN**, Le droit à l'éducation dans le contexte de la migration et de l'intégration-sous l'angle de la coopération au développement, in : **HERIBERT** (Hg) *Education des adultes et développement*, a. a. O., S 54.

Afrika überwiesen wurde.[91] Um die Bedeutung dieses Phänomens hervorzuheben, soll man die Tatsache unterstreichen, dass diese Summe jene übersteigt, die alle Länder für Entwicklungshilfe ausgeben. Die meisten Entwicklungsländer sind auf Geldtransfer angewiesen. In Marokko stellt dieser beispielsweise 10% des Bruttosozialprodukts dar.[92] Nach einer Untersuchung der Bundesbank wurde circa hundertvierundfünfzig Millionen Euros von Deutschland nach Afrika im Jahre 2006 überwiesen.[93]

Die Empfänger benutzen dieses Geld u.a, um die Miete zu zahlen, Ernährungsmittel einzukaufen, Gesundheit und Erziehung zu sichern und meist Schulden zu bezahlen. Im Werk haben wir auch ein ausdrucksvolles Beispiel von durch Migranten ermöglichten Entwicklungsmöglichkeiten. Zur Veranschaulichung dessen greife ich noch einmal auf die Geschichte Kebiyonos zurück. Bereits bei seiner Ankunft in Deutschland denkt er daran, Geld zu sparen, damit er seinen Eltern in Afrika einschickt und bald gründet er einen Verein, „Africa health", um das Gesundheitswesen seines Herkunftslands zu verbessern. (Vgl. SSWH: 91). Dies verstärkt die Ansicht, dass der Migrant ein großes Entwicklungspotential ist.

Nach Einsicht besteht dementsprechend kein Zweifel darüber, dass Geldüberweisung die Lebensverhältnisse von den in Afrika ansässigen Familien verbessert, deren Kaufkraft die lokale Wirtschaft unterstützt und dies kann sich durch Arbeitsstellenschaffen ausdrücken. In Uganda und Ghana hat man beispielsweise den deutlichen Zusammenhang zwischen Geldüberweisung und ökonomische Entwicklung bemerkt. [94]

Neben Geldtransfer zählt man auch das, was man in neuen Forschungen über die Migration „Brain-Gain" nennt. In der Tat stellen die in Ausland erworbenen Kenntnisse und Erfahrungen ein großes Entwicklungspotential dar, das sich zwischen Ankunfts- und Herkunftsländern bewegt. Jedoch kann diese Bewegung nicht zustande kommen, wenn der Kontakt zum Herkunftsland zerbrochen ist. Die Migranten sollen die Möglichkeit erhalten, in ihre Herkunftsländer mit ihren in Europa erworbenen Kenntnissen zurückzukehren. Freilich ist ein Hin und Her zwischen den beiden Polen erforderlich. Dieses im

---

[91]. Vgl. O. Verf. „Informationsveranstaltung Zahlungsverkehr und Kontoführung für Kreditinstitute." In: http://www.bundesbank.de/.../Zv_infoveranstaltung_k_11_2006.pdf. (Gelesen am 25./04/11)
[92] . Ebd.
[93] . Ebd.
[94] .Vgl. Banque mondiale 2005, Global Economic Propects.

72

Sprachgebrauch der Experten als „Migration circulaire"[95] genannte Phänomen kann, meines Erachtens, das viel kritisierte Gegenphänomen des Brain-Drains eindämmen.

So habe ich mich dazu bemüht, das große Potential der Migration zugunsten der Entwicklung von Herkunftsländern zu erforschen.

Was die Ankunftsländer anbelangt lässt sich herausstellen, dass die legalen Migranten dessen Wachstum bestärken. Gerade deshalb wird die Arbeitsmigration durch die Migrationspolitik zahlreicher abendländischer Länder besonders gefördert. Die im Jahre 2004 erarbeitete neue deutsche Migrationspolitik unterstreicht ausdrücklich den Vorrang von qualifizierten Migranten.[96] An dieser Stelle möchte ich mit Nachdruck die Ansicht ausdrücken, dass Abendland seinen Migrationsdiskurs verändern sollte und die Tatsache erkennen, dass die Migration aus dem Süden ihm vorteilhaft ist. Da Europa ein Kontinent mit niedriger Geburtenziffer ist, erweist sich die Migration als unentbehrlich. Es gibt intelligente Politiker, begabte Sportler und Künstler afrikanischer Herkunft, die maßgeblich zur Ausstrahlung des Abendlandes beitragen. Hierbei sind Beispiele aus der Weltgeschichte Legion. Im Werk kommt auch diese Einsicht zum Vorschein: Okomje, der Bürgermeister, modernisiert die Gemeinde Wamsbuk; Kebiyono, der Arzt, der das katholische Krankenhaus gut leitet; und Zanima, der wunderbare Fussballbesessene, mit dessen Hilfe die Mannschaft Münzhafen die erste Liga beherrscht. Es gibt „auch Lehrer, Ärzte oder Übersetzer, die afrikanischer Herkunft" sind. *(SSWH: 25).*

Schließlich möchte ich die soziokulturellen Vorbedingungen für eine gelungene Integration darstellen.

---

[95]. Vgl. **Hans-Drietrich LEHMANN**, Le droit à l'éducation dans le contexte de la migration et de l'integration- sous l'angle de la coopération au développement, a. a. O, S. 19.
[96] . Vgl. O. Verf. „Neue Regelungen zum Bleiberecht", in: http//www.Bundesausländerbeauftragte.de. (Gelesen am 21./04/11).

3.2.3 Soziokulturelle Vorbedingung

Hier wird den interkulturellen Dialog als Integrationsfaktor analysiert.

3.2.3.1 Interkultureller Dialog

In ihrem Artikel betitelt „Babel revisited" schreibt Maria Vassilakou: „Multikulturalität muss man weder wollen noch befürworten, man muss sie bloß zur Kenntnis nehmen, denn sie entsteht völlig unabhängig von unserem ‚Wollen' oder, ‚Nicht-wollen'".[97] Damit suggeriert die griechische Verfasserin, dass keiner das Phänomen der Multikulturalität in diesem Zeitalter der zunehmenden Globalisierung der Welt verhindern kann. Denn heute mehr denn je erlebt man eine rasante Bewegung von Menschen von einem Ort zu einem anderen. Die Ankunft von Menschen in einem neuen kulturellen Raum wird, wie bereits gezeigt, mit Skepsis aufgenommen und meist als Gefahr empfunden. In diesem Zusammenhang ist die folgende Aussage Enzensbergers ausdrucksvoll

> Jede Migration führt zu Konflikten, unabhängig davon, wodurch sie ausgelöst wird, welche Absicht ihr zugrunde liegt, ob sie freiwillig oder unfreiwillig geschieht und welchen Umfang sie annimmt.[98]

Damit deutet der deutsche Philologe darauf hin, dass es schwierig ist, die Anwesenheit der Fremden in einem als eigen betrachteten Raum zu billigen.

Obwohl die Existenz eines Landes ohne Fremde heutzutage kaum denkbar ist, mehren sich Tendenzen bei politischen Parteien der Rechtslinke, unüberwindbare Grenzen zwischen Fremden und Eigenen zu ziehen. Andere Denkrichtungen setzen sich eher für eine Assimilierungspolitik ein, die auf eine Angleichung der Kultur der Minderheit an der sogenannten *„Leitkultur"*[99] abzielt und somit nach einer Homogenisierung der Kulturen streben. Eine solche Assimilierungspolitik, das habe ich bereits unterstrichen, verursacht unmittelbar die Verlust der eigenen kulturellen Identität seitens der Fremden und liegt

---

[97] . **Maria VASSILAKOU**, « Babel revisited ». Schattenseiten und Chancen der multikulturellen Stadt. *a. a. O*, S. 39.

[98].**Hans Magnus ENZENSBERGER**, *Die Große Wanderung: dreiunddreißig Markierungen*, Frankfurt/Main, 1993, S. 13.

[99] . Vgl. **Bassam TIBI** zitiert nach **Bertin NYEMB**, *Interkulturalität im Werk Thomas Manns. Zum Spannungsverhältnis zwischen Deutschen und Fremden*, Stuttgart, Ibidem-Verlag, 2007, S. 22.

vielen sozialen Störungen zugrunde. Daher liegt es auf der Hand, dass dies die angemessene Integration von Fremden in die Aufnahmegesellschaft beträchtlich erschwert.

In Anbetracht der oben skizzenhaft geschilderten Sachlage muss über die Möglichkeit eines angemessenen Umgangs mit Fremden in einer Gesellschaft mit kultureller Vielfalt gedacht werden. Meines Erachtens liegt auch der interkulturelle Dialog der gelungenen Integration der Fremden in den neuen kulturellen Raum zugrunde.

„ Als interkulturell" so schreibt Bruck

> werden alle Beziehungen verstanden, in denen die Beteiligten nicht ausschließlich auf ihre eigenen Kodes, Konventionen, Einstellungen und Verhaltensformen zurückgreifen, sondern in denen andere Kodes, Konventionen, Einstellungen und Alltagsverhaltensweisen erfahren werden. Dabei werden diese als fremd erlebt und/oder definiert.[100]

Interkulturelle Kommunikation lässt also zwei Personen auf die Bühne auftreten, die verschiedenen Kulturen angehören und sich wechselseitig fruchtbar beeinflussen lassen. Sie impliziert unbedingt die Verfügung über interkulturelle Kompetenz, die einem dazu verhilft, mit fremden Kulturen und ihren Angehörigen in adäquater, ihren Wertesystem und Kommunikationsstilen angemessener Weise zu handeln, mit ihnen zu kommunizieren und sie zu verstehen. Sie ermöglicht also die „Normenreflexibilität" und die „Selbstreflexibilität".

Bei dem interkulturellen Dialog legen die beiden Beteiligten eine fruchtbare Veränderungsbereitschaft an den Tag. Sie verzichten auf jegliche Formen von „Kulturalismus" bzw. Ethnozentrismus und Hegemonialstreben. Sie erleben die Fremdheit des Fremden als Bereicherung, Komplementierung, Ergänzung, ja als Selbstprofilierung.

Beim interkulturellen Dialog gilt keine Kultur als Maßstab. Die beiden Aktanten können z.B. ihre Bereitschaft zeigen, die fremde Sprache zu erlernen. In der Tat ist die Beherrschung der Sprache des Ankunftslandes von ausschlaggebender Bedeutung für die Integration der Fremden. Wie bereits erwähnt sind alle Figuren des Werkes dieser Tatsache

---

[100] . **P. BRUCK**, Interkulturelle Entwicklung und Konfliktlösung, In: **K. LUGER/ R. RENGEN**, *Dialog der Kulturen*, Wien, 1994, S. 343-357.

bewusst, deshalb lassen sie sich in Sprachinstitute einschreiben, um die deutsche Sprache zu erlernen. Umgekehrt sollen sich auch die Einheimischen dazu bemühen, die fremde Kultur zu kennen. Während seiner Amtszeit als Bürgermeister setzt Okomje alles in Gang, damit sich die Wamsbuker mit der afrikanischen Kultur vertraut machen. In den Schulen der Gemeinde werden:

> Länder Afrikas vorgestellt und präsentiert, um bereits ganz besonders bei Kindern das Interesse und die Öffnung für andere Kulturen als selbstverständlich zu akzeptieren und Vorurteile abzubauen. *(SSWH: 48)*

Dass eine solche Öffnung den Fremden gegenüber eine fruchtbare wechselseitige Vernetzung, Verflechtung und Bereicherung ermöglicht, ist offensichtlich. Dank der Mitwirkung Okomjes, eines Fremden, ist Wamsbuk *„internationaler geworden"* und ein gutes Investitionsklima für ausländische Investoren und internationale Verbindungen wird entwickelt. (SSWH: 16).

Weiterhin muss die Tatsache unterstrichen werden, dass eine gelungene Integration von Menschen mit Migrationshintergrund durch die Herausbildung einer hybriden Identität ermöglicht wird. Der von dem indischen Wissenschaftler, Homi Bahbah, geprägte Begriff *„Hybridität"*[101] bezeichnet nämlich die Mischung zwischen den divergierenden Strömungen einer Einzelkultur und eine Mischung zwischen den verschiedenen Tendenzen verschiedener Kulturen.

Die in Europa lebenden Afrikaner sollten nicht auf ihre kulturelle Identität zugunsten der europäischen verzichten. Im Gegenteil sollten sie über die Möglichkeit denken, die beiden in angemessener und bereichernder Weise zu verknüpfen. Das Beispiel von Babakole ist in diesem Zusammenhang in Erinnerung zu rufen. Er lebt nämlich in Berlin, spricht *„deren Sprache"*, ist mit einer Berlinerin geheiratet, und gleichzeitig führt einen Restaurant, wo er den Kunden afrikanische Speise anbietet und wo er mit seinen „Brüdern" in ihrer Muttersprache kommuniziert. *(SSWH: 168)*

Letztendlich ermöglichen interkultureller Dialog, interkulturelle Kommunikation und Hybridität die Herausbildung wichtiger Sozialnetzwerke, die für die Integration in die neue

---

[101] . **Homi BAHBAH** , *die Verortung der Kultur.* a. a. O, S. 58.

Gesellschaft unentbehrlich sind. Es ist hier die Rede von Heirat und Freundschaft. Die meisten afrikanischen Figuren des Werkes haben nämlich deutsche Frauen und Freunde.

Schlussbetrachtungen

Im Mittelpunkt der vorliegenden Arbeit stand die Absicht, die Art und Weise hervorzuheben, wie André Ekama die Integrationsproblematik in seinem Werk thematisiert. Von dem Postulat ausgegangen, dass die Anpassung an dem neuen kulturellen Raum nie reibungslos geschieht, wurden den folgenden Kernfragen nachgegangen: welche sind die Integrationshürden und was liegt einer gelungenen Integration von Migranten afrikanischer Herkunft zugrunde?

Diese anfangs aufgeworfenen Fragestellungen fördern eine abschließende Bewertung. Bei der ganzen Untersuchung ist herauszustellen, dass André Ekama von dem Anspruch angespornt ist, darzustellen, wie der Integrationsprozess in Ankunftsländer abläuft. Bei seiner Behandlung der Integrationsproblematik wird sein Verzicht auf eine reduktionistische Beschreibung von Integrationsmechanismen in Abendland bzw. Deutschland offenbar. In dieser Hinsicht tritt Europa im Werk weder als irdisches Paradies noch als Erleidensraum für die Migranten auf, wie es der Fall bei Oji Chima war, der in seinem 1992 erschienen Roman betitelt , *„Unter die Deutschen gefallen. Erfahrungen eines Afrikaners"*, „die Aufklärung der Menschen in Deutschland und anderswo über den alltäglichen Rassismus hierzulande[Deutschland-M.E.J][102]" als Ziel verfolgte.

Bei André Ekama erfährt der Leser, wie komplex und ambivalent der Integrationsprozess in Ankunftsland ist. Es gibt einerseits zahlreiche politisch-administrative, ökonomische, sowie soziokulturelle Hürden, auf die die Migranten afrikanischer Herkunft alltäglich stoßen und andererseits vielfältige Integrationsmöglichkeiten, die einem Migrant aus Afrika ermöglichen können, sich in Europa zu verwirklichen.

Unter Bezugnahme auf diese Studie muss auch die Tatsache bekräftigt werden, dass Integration keine Einbahnstraße ist. Migranten und Einheimische sollen dementsprechend besondere Bereitschaften und Kompetenzen, etwa interkulturelle Kompetenz und Öffnungsbereitschaft, an den Tag legen, mit deren Hilfe sie zur Herausbildung eines

---

[102] . **Sonja LEHRNER**, „Unter die Deutschen gefallen. Afrikanische Literatur in deutscher Sprache und der schwierige Weg zur Interkulturalität", in: *Interkulturelle Texturen. Afrika und Deutschland im Reflexionsmedium der Literatur*, **Moustapha DIALLO/Dirk GÖTTSCHE** (Hg), Bielefeld, Aisthesis Verlag, 2003, S. 45-74. Hier S. 48.

fruchtbaren Miteinanders von Kulturen in einer Gesellschaft mit kultureller Vielfalt beitragen können. In derselben Hinsicht taucht die Kulturbegegnung bei André Ékama als Möglichkeit zur Selbstprofilierung, zur wechselseitigen Bereicherung, Ergänzung und Komplementierung der unterschiedlichen Beteiligten. Daher wird die Migration und die dadurch verursachte Heterotopie und Pluralität nicht mehr als Bedrohung bzw. Gefahr für die irrtümlich als homogen, stabil und kohärent betrachtete kulturelle Identität der verschiedenen Protagonisten empfunden, sondern als Chance für die freie Entfaltung der unterschiedlichen Aktanten.

Ekamas Werk erscheint nicht nur als Dekonstruktion bisherigen durch abendländische Öffentlichkeit gehaltenen Diskurs über die Migration, sondern auch als Plädoyer für Völkerverständigung bzw. Zusammenleben:

Ich habe vielleicht,

was Du nicht weißt.

Ich kann vielleicht,

was Du nicht ahnst.

Lass es mich Dir zeigen,

dann kannst Du was finden,

wie gut,

mit mir zu leben,

werden kann. *(SSWH:187).*

In Anbetracht der Tatsache, dass meine Studie die erste Forschungsarbeit über das Werk Ekamas ist, lässt sich mit Sicherheit ausmachen, dass es sich lohnt, sich mit Ekamas Dichtung weiter auseinanderzusetzen. Künftige Forschungsarbeiten über das Werk könnten sich beispielsweise mit der Problematik der kulturellen Differenz, dem Zusammenhang zwischen Diaspora und Entwicklung oder mit der Dynamik der Selbst-und Fremdbilder in der Migrationssituation auseinandersetzen.

Literaturverzeichnis

Primärliteratur

- **ÉKAMA, André**, 2007, *Schwarzer sein im weißen Himmel. Erzählungen. Afrikanische Kurzgeschichten aus den fernen Heimatländern*, Freiburg, Autorenverlag artep.

Sekundärliteratur

Allgemeine und theoretische Veröffentlichungen

- **ACKERMANN, Irmgard** (Hg), 1983, *In zwei Sprachen leben. Berichte, Erzählungen, Gedichte von Ausländern*, München.

- **ANANISSOH, Théo**, 2005, *Lisahohé*, Paris, Collection Continents noirs.

- **BHABHA, Homi**, 2001, *Die Verortung der Kultur*, Tübingen.

- **BIONDI, Franco**, 1981, *Literatur der Betroffenheit*.

- **BRUCK, P.**, Interkulturelle Entwicklung und Konfliktlösung, In: **K. LUGER/ R. RENGEN**, 1994, *Dialog der Kulturen*, Wien.

- **CHIELLINO, Gino**, 1985, *Literatur und Identität in der Fremde*, Augsburg.

- **EAGLETON, Terry**, 2001, *Was ist Kultur?*, München.

- **ENZENSBERGER, Hans Magnus**, 1993, *Die Große Wanderung: dreiunddreißig Markierungen*, Frankfurt/Main.

- **FRITZ Helmut**, Der Wilde im Alltag, In: **Thomas THEYE** (Hg.), 1985, *Wir und die Wilden, Einblicke in eine kannibalische Beziehung*. Reinbek, Rowohlt Taschenbuch Verlag GmbH, Januar.

- **GEERTZ, Clifford**, 1983, *Dichte Beschreibung. Beiträge zum Verstehen kultureller Systeme*, Frankfurt am Main.

- **GOMOLLA , Mechtild**, 2002, *Institutionelle Diskriminierung. Die Herstellung ethnischer Differenz in der Schule*, Opladen, Leske + Budrich.

- **GOUAFFO, Albert**, Afrikanische Migrationsliteratur und interkulturelles Lernen. Zu ihrem Stellenwert im Literatur-oder Landeskundeunterricht des Deutschen als Fremdsprache im deutschsprachigen Kulturraum, in **Albert GOUAFFO** (Hg), 2009, *Mont Cameroun. Literaturen der Migration in Deutschland: Das Beispiel Afrika. Les littératures de migration en Allemagne : le cas de l'Afrique*, Dschang, Dschang University Press, décembre.

- **GUTJAHR, Ortrud**, Alterität und Interkulturalität. Neuere Deutsche Literatur, In: **Claudia BENTHIEN/Hans Rudolf VELTHEN** (Hrsg.), 2002, *Germanistik als Kulturwissenschaft, Eine Einführung in neue Theoriekonzepte*, Reinbek bei Hamburg.

- **HAMM, Horst**, 1988, *Fremdgegangen-freigeschrieben. Eine Einführung in die deutschsprachige Gastarbeiterliteratur*, Würzburg, Könnigshausen v. Neumann.

- **HOFFMANN, Michael**, 2006, *Interkulturelle Literaturwissenschaft. Eine Einführung*, Paderborn , Wilhelm Fink Verlag.

- **HOHMMAN, Joachim**, 1981, *Schon auf den ersten Blick. Lesebuch zur Geschichte unserer Feindbilder*, Darmstadt-Neuwied.

- **KABOU, Axelle**, 1991, *Et si L'Afrique refusait le Développement ?* Paris, Éditions L'Harmattan.

- **KEITA, Idrissa**, 1994, *Wenn der Wind bläst (Gedichte)*, Unkel-Rhein/ Bad Honnef.

- **KELMAN, Gaston**, 2004, *Je suis noir et je n'aime pas le manioc*, Paris, Edition Max Milo.

- **LEGGEWIE, Claus**, Vom Deutschen Reich zur Bundesrepublik- und nicht zurück. Zur politischen Gestalt einer multikulturellen Gesellschaft, in: **Bredella LOTHAR/Christ HERBERT** (Hg), 1993, *Zugänge zum Fremden*, Gießen, Verlag deer Ferber'schen Universitätsbuchhandlung.

- **LEHMANN, Hans-Drietrich**, Le droit à l'éducation dans le contexte de la migration et de l'intégration- sous l'angle de la coopération au développement, in : **HINZEN** (2008)

- **LEHRNER, Sonja**, „Unter die Deutschen gefallen. Afrikanische Literatur in deutscher Sprache und der schwierige Weg zur Interkulturalität", in: *Interkulturelle Texturen. Afrika und Deutschland im Reflexionsmedium der Literatur*, **Moustapha DIALLO/Dirk GÖTTSCHE** (Hg), 2003, Bielefeld, Aisthesis Verlag.

- **LÜSEBRINK, Hans-Jürgen**, 2005, *Interkulturelle Kommunikation. Interaktion, Fremdwahrnehmung, Kulturtransfe*r, Stuttgart, Weimar.

- **MEIER-BRAUN, Karl-Heinz**, 2006 , „der lange Weg ins Einwanderungsland Deutschland", in: *der Bürger im Staat*, 56. Jahrgang, Heft 4.

- **MENSAH WEKENON, Tokponto**, Afrikanische Märchen in deutscher Übersetzung: Ein Vergleich von Märchen der Fon und der Gebrüder Grimm im Deutschunterricht , in: **Albert GOUAFFO** (2009)

- **MEPIN, Daniel**, 1997, *Die Weissagung der Ahnen*, Unkel/Rhein, Horlemann Verlag,

- **MOOSMÜLLER, Alois** (Hg.), interkulturelle Kommunikation. Zitiert nach: **SIMO** (2009/2010)

- **MÜLLER-RICHTER, Klaus**, Imaginäre Topografien. Migration und Verortung, in: **Klaus Müller-RICHTER und Ramona URITESCU-LOMBARD** (Hg.), 2007, *Imaginäre Topografien. Migration und Verortung*, Bielefeld.

- **NJOH MOUELLE, Ebenzer**, 1998, *De la médiocrité à l'excellence. Essai sur la signification humaine du développement*, Yaoundé, Edition CLE.

- **NYEMB, Bertin**, 2007, *Interkulturalität im Werk Thomas Manns. Zum Spannungsverhältnis zwischen Deutschen und Fremden*, Stuttgart, Ibidem-Verlag.

- **OJI, Chima**, 1992, *Unter die Deutschen gefallen. Erfahrungen eines Afrikaners*, Wuppertal, Peter Hammer Verlag.

- **ONDOA, Hyacinthe** (Hg), 2005, *Identität und interkulturelle Beziehungen*, Leipzig, Leipziger Universitätsverlag.

- **PARK, Robert**, 2007, "residential Segregation", Zitiert nach: **Charles E. HURST**, *Social Inequality: Forms, Causes, and Consequences* (6th Ed.). Boston, Pearson.

- **PONDI, Jean-Emmanuel**, 2009, *Barack Obama. De L'interrogation à l'admiration. From Question to admiration. (Edition bilingue)*, Yaoundé, Edition ClE.

- **QURAISH, Bashy**, La migration, l'integration,et le rôle de l'éducation, in : *Education des adultes et développement*, Heribert **B. HINZEN** (Hg.), 2008, Bonn , in puncto druck+medien gmbh.

- **RUMOHR, Reiner**, 2003, *Ganz nah die Ferne rückt. Begegnung mit Kulturen Kameruns*, Frankfurt am Main

- **SANKOH , ALIMAMY Osman**, 1999 , *Ein Vermittler zwischen zwei Welten. Afrika und Deutschland (Roman)*, Berlin.

- **SCHÄFFTER, Ortfried**, Modi des Fremderlebens, in: DERS. (Hg), 1991, *das Fremde, Erfahrungsmöglichkeiten zwischen Faszination und Bedrohung*, Opladen.

- **SCHUTTE, Jürgen**, 1985, Einführung in die Literaturinterpretation, Stuttgart, Metzler.

- **SIMO, David**, ,Migration, Integration und Literatur, in: **David SIMO/Leo KREUTZER** (Hg.), 2009/2010, *Weltengarten. Deutsch-Afrikanische Jahrbuch für interkulturelles Denken*, Hannover, Wehrhahn Verlag.

- **THOMAS, Alexander**, 1993, Psychologie interkulturellen Lernens und Handelns, in: **Thomas ALEXANDER** (Hg) *kulturvergleichende Psychologie*, Göttingen.

- **VASSILAKOU, Maria**, « Babel revisited »: Schattenseiten und Chancen der multikulturellen Stadt, in: **Gerfried SPERL** und **Michael STEINER** (Hg.), 2003, *Heimat Babylon. Multikulturalität heute*, Wien.

- **VILLALBA, Maria Angela**, Education des adultes : perspectives internationales de la migration et de l'intégration. Défis et opportunités, In : **Heribert HINZEN** (2008).

Internetquellen

- http://www.Liberation.com

- http://www.lwkoeln.de/Publikationen /wd/Archiv/tabid/1122/article id/30287/Default.asp
- http://www.20minutes.fr/article/596964/société-voile-integral-le-projet-de-loi-definitivement-adopté-par-le-parlement

- http://www.france24.com/fr/20091129-Suisse-referendum-interdiction-minaret-sondage-sortie-urnes-favorables.

- http://www.inccas.de/es/download/publ-2001_lp_miguintegration.pdf.

- http://www.linternaute.com/actualite/savoir/06/immigration-europe/loi-sarkozy.shtml

- http://www.difu.de/publikationen/difu-berichte-12006/segregation.html

- http://www.dradio.de/dkultur/sendungen/interview/1303361/

- http://www.migration-boell.de/web/diversity/48_1426.asp.

- http://www.inccas.de/es/download/publ-2001_lp_miguintegration.pdf.

- http://www.linternaute.com/actualite/savoir/06/immigration-europe/loi-sarkozy.shtml

- http//www.Bundesausländerbeauftragte.de.

- http://www.bundesbank.de/.../Zv_infoveranstaltung_k_11_2006.pdf.

- http//www.Bundesausländerbeauftragte.de.

- http//www. tperacisme-France.com/lepen1.htm.

- http//www.linternaute.com/actualité/integration-en-france-discrimintions-inst.noël.htm.

Sonderliteratur

- Banque mondial 2005, *Global Economic Propects*

- Déclaration universelle des droits de l'Homme, Art.13, Alinéa 2.

9 783640 944392